I0126809

# LES SÉANCES

## OFFICIELLES

### DE

# L'INTERNATIONALE

## A PARIS

### PENDANT LE SIÉGE ET PENDANT LA COMMUNE

3ᵉ ÉDITION

PARIS

E. LACHAUD, ÉDITEUR

4, PLACE DU THÉATRE-FRANÇAIS, 4

—

1872

Tous droits réservés.

# PROCÈS-VERBAUX

DES

# SÉANCES OFFICIELLES

## DE L'INTERNATIONALE

# LES
# SÉANCES OFFICIELLES

DE

# L'INTERNATIONALE
## A PARIS

### PENDANT LE SIÉGE ET PENDANT LA COMMUNE

3e ÉDITION

PARIS

E. LACHAUD, ÉDITEUR

4, PLACE DU THÉATRE FRANÇAIS

**1872**

Tous droits réservés.

Clichy. — Imp. Paul Dupont et C°, rue du Bac-d'Asnières, 12

# SÉANCE DU 5 JANVIER 1871

# PROCÈS-VERBAUX

## DES

# SÉANCES OFFICIELLES

# DE L'INTERNATIONALE

### PENDANT LE SIÉGE

### ET PENDANT LA COMMUNE

---

## PROCÈS-VERBAL DE LA SÉANCE DU CONSEIL FÉDÉRAL

## DU 5 JANVIER 1871.

---

*Président,* **Franquin.** — *Assesseur,* **Varlin,**

*Secrétaire,* **H. Goullé.**

---

FRANKEL demande qu'on complète la discussion sur la communication de la section
de l'Est ; cette communication a été repoussée par l'ordre du jour, parce que les pleins

— 4 —

pouvoirs qu'on admettait sous l'empire
étaient commandés par la rigueur des circonstances ; depuis la République, il n'y a
plus *d'utilité de remettre ces pleins pou-*
*voirs, et partant il n'est pas régulier*
*d'en admettre, surtout étant privé* DEPUIS
SI LONGTEMPS DE COMMUNICATIONS AVEC LON-
DRES.

**Sont présents :**

Bijoutiers, chambre syndicale, — Ébénistes, — Impri-
meurs lithographes, — Marbriers, — Marmite, 2ᵉ et
4ᵉ groupes, — Orfévres, — Passementiers à la barre,
— Peintres en bâtiments, — Tapissiers, — Tisseurs
en tous genres, — Sections, — Cercle d'études, 50 numéros du journal¹,—Brantôme, 50 numéros pendant un
mois ou trois mois au choix, — École de médecine, —
Hôpital Louis, — Ternes, 100 numéros, — Batignolles,

1. Il s'agit du journal la *République des Travailleurs* et
du nombre d'exemplaires que chaque section s'engageait à
prendre.

— Poissonnière, — Richard-Lenoir, — Combat, — Couronnes, 15 numéros, — Roule, 20 numéros.

---

Varlin communique que la section des Batignolles a donné les fonds pour quatre numéros d'un journal qu'elle doit fonder immédiatement elle-même. Cette section envoie aujourd'hui deux délégués qui offrent de mettre les fonds à la disposition du conseil fédéral, si le conseil est en mesure de paraître sans retard. Le résultat que nous avons est insuffisant, six sections seulement ont répondu.

Buisson, *délégué par la section des Batignolles pour le journal.* — La section des Batignolles est en mesure de faire paraître immédiatement un journal de petit format. Elle a en main les fonds assurés pour quatre à six numéros, elle désire paraître immédiatement, elle pense que les circonstances rendent urgent d'avoir un organe sans aucun retard. — Le conseil fédéral pourrait prendre connaissance de la rédaction du premier numéro, et nommer deux délégués qui reconnaîtraient si le journal est bien dans l'esprit de l'association et s'il peut prendre pour sous-titre cette inscription : ASSOCIATION INTERNATIONALE DES TRAVAILLEURS, et dans deux cartouches latéraux les devises : PAS DE DEVOIRS SANS DROITS, ET EMANCIPATION DES TRAVAILLEURS PAR LES TRAVAILLEURS EUX-MÊMES. Si plus tard le conseil fédéral fait paraître un organe, le journal de la section des Batignolles fera fusion et acceptera le titre et la rédaction que le conseil fédéral aura choisis.

LACORD s'étonne que le conseil fédéral se mette en rapport avec le journal que veut fonder la section des Batignolles, quand il a repoussé la *Lutte à outrance*, qui se vend fort bien et qui a conquis une place sérieuse. Il y a là un danger, c'est d'INDIQUER AU PUBLIC LA DÉSUNION QUI EXISTE AU

SEIN DE L'ASSOCIATION INTERNATIONALE DES
TRAVAILLEURS.

VARLIN. La *Lutte à outrance* est un journal essentiellement militant et politique, et
le conseil fédéral désire un journal bien à
lui, à lui seul, *propagateur de l'esprit de
l'Association, et dont la rédaction sera
dans sa main.*

LACORD. La *Lutte à outrance* a un titre
approprié à un élément de lutte, destiné à
combattre corps à corps avec les priviléges
dressés contre les travailleurs et à être un
journal qui, aussitôt après la guerre, sera
exclusivement consacré à la question du
travail. Nous vous avions offert de changer
selon vos appréciations le titre, le sous-
titre, vous réservant la place primordiale
dans nos colonnes. Je crains que vous ne
traciez des limites trop étroites au rédacteur en chef de votre organe ; il y a là un
danger que vous apprécierez plus tard. Je
vous avais offert un rapprochement entre

les internationaux de l'École de médecine et vous pour s'unir sur cette question.

FRANKEL. La question n'est pas nettement posée ; il faut examiner seulement que le conseil fédéral doit avoir un organe qui soit son porte-parole, et je pense qu'il est triste de voir que deux sections ont chacune les moyens de se créer un organe et que l'Internationale, avec toutes ses autres sections réunies, ne puisse tout entière trouver assez de force pour créer un organe général.

BUISSON. Le journal de la section des Batignolles n'est pas fait ; la question matérielle sera tranchée demain matin à dix heures. Êtes-vous prêts à paraître de suite? Répondez-vous de paraître hebdomadairement pendant un mois sans interruption ? Il n'y aurait qu'un accident sans conséquence si le journal d'une section seulement disparaissait après quelques numéros. Envoyez des délégués à la commission du journal de la section des Batignolles qui se mettront dès demain à l'œuvre.

FRANQUIN. Le nombre de numéros souscrits par le conseil fédéral est trop petit pour assurer l'existence du journal.

FRANKEL. J'espère que le siége de Paris ne durera pas, et qu'en envoyant des délégués près des sections, on trouvera assez d'abonnements.

LACORD. Nous pourrions nommer des délégués qui seraient chargés d'examiner les forces de la *Lutte à outrance* et de la section des Batignolles pour les combiner ensemble.

BOUDET. Il nous faut un organe á nous, bien à nous ; combinons nos fonds et ne perdons pas de temps. On nous offre les concours réunis de la *Lutte à outrance* et de la section des Batignolles, acceptons et paraissons.

Noro. Il est urgent de s'entendre, il n'y a pas de temps à perdre, unissons nos efforts.

Lacord. Je n'ai pas pouvoir pour en terminer complétement au nom de la *Lutte à outrance*. Venez à nous, nous discuterons chacun selon nos vues.

Camélinat. Si nous n'avons pas entre les mains les moyens de réussir pleinement préparés, il vaut mieux laisser une section s'engager sur le terrain glissant du journalisme. *Il serait très-grave de faire au nom du conseil fédéral un journal exposé à périr faute d'éléments de vie. Un tel échec est redoutable, car il peut nous discréditer dans l'opinion publique.*

Frankel. Il nous faut un journal du conseil fédéral ; si les associés ne comprennent pas qu'il est de leur devoir de le soutenir haut et ferme, il faudra désespérer de l'avenir de la société internationale française.

LACORD. Il nous faut un organe qui se dresse en face des grands journaux de la bourgeoisie, qui ait sa vie propre et qui combatte en notre nom. Il nous faut un rédacteur rompu de longue date à la lutte politique, qui ne fasse pas d'école qui enlèverait de la force à notre organe. La rédaction de la *Lutte à outrance* vous offre un essai de trois ou de six mois pour que vous jugiez si la ligne que vous aurez tracée aura été suivie. La rédaction gratuite pendant trois ou six mois sera payée après ce temps d'essai, si vous approuvez la rédaction. Vous changerez cette rédaction à cette époque et même du jour au lendemain si vous en reconnaissez la nécessité.

BUISSON. Je n'ai pas mandat pour vous demander une commission d'étude, nous ne voulons pas perdre de temps, nous sommes décidés à agir dès demain. Je constate que l'Internationale française agit faiblement dans un cas aussi décisif. Notre journal paraîtra samedi, vous le jugerez.

VARLIN. Ce qui fait notre embarras, c'est que *depuis le 4 septembre nous manquons d'argent;* les cotisations des sections ne se recouvrent plus, et, chose grave, il nous reste encore *quelques dettes du temps de l'empire.* Six sections à elles seules prennent trois cents numéros. C'est bien minime . et cela ne nous rend pas hardis.

FRANKEL. Le conseil fédéral a manqué d'activité dans son appel aux sections.

FRANQUIN. Chacun de nous individuellement croit au succès ; mais ayant mandat de nos groupes, nous ne pouvons nous engager que dans la mesure des forces que nous leur connaissons.

Nomination d'une commission pour délibérer avec la *Lutte à outrance* et avec la section des Batignolles au sujet du journal. Sont nommés : Frankel, Varlin, Noro, Boudet, Goullé.

La commission se réunira samedi, rue Larrey, 2, chez le citoyen Mollevaux.

La section *Poissonnière* est acceptée. Adresser les communications au citoyen *Boudier*, 138, Faubourg-Poissonnière.

FRANKEL. La présence des délégués des sections au conseil fédéral est indispensable.

VARLIN. Autrefois nous avions l'habitude d'envoyer un délégué du conseil fédéral chaque semaine dans chaque section ; il serait bon de revenir à cette habitude. — La proposition est votée.

CHATEL. Faute de temps nécessaire, je prie le conseil fédéral d'accepter ma démission de caissier ; je continuerai à m'occuper des écritures. — La démission est acceptée. — Est nommé caissier, Goullé, boulevard Sébastopol, 78.

LACORD propose que chaque section paye une somme de 25 centimes par semaine pour les frais *d'autographes et d'expédition des procès-verbaux*[1].

La séance est levée.

*Le secrétaire,*

Henri Goullé.

---

1. Les procès-verbaux étaient expédiés à toutes les sections de la province, qui les ont toujours reçus, alors même que les communications avec Paris étaient devenues presque impossibles. On en a retrouvé plus tard des exemplaires à Rouen et à Marseille.

# SÉANCE DU 12 JANVIER

# PROCÈS-VERBAL DE LA SÉANCE DU CONSEIL FÉDÉRAL
## DU 12 JANVIER 1871

———

*Président,* **Bachruch.** — *Assesseur,* **Varlin.**

———

### Sont présents :

Cercle d'études, — Ternes, — École de médecine, — Couronne, — Faubourg du Temple, — Faubourg Antoine, — Brantôme, — Richard-Lenoir, — Hôpital Louis, — Orfévres, — Passementiers, — Menuisiers en bâtiments, — Céramique, — Boulangers, — Cordonniers, — Coupeurs pour chaussures.

———

## Rectifications au procès-verbal.

VARLIN. L'expression: *donné* les fonds, pour quatre à six numéros du journal, appliquée à la section des Batignolles, doit être remplacée par celle : *a réuni* les fonds.

Le procès-verbal est adopté moins une voix.

### Communications.

La section Richard-Lenoir donne mandat au citoyen Lambon pour la représenter au conseil fédéral. Ce mandat est signé des citoyens A. Mélinat, Guénot, Mathieu, E. Rimbaut. — Le conseil fédéral adopte.

L'ASSOCIATION RÉPUBLICAINE du 6ᵉ arrondissement délègue au conseil fédéral pour la représenter, les citoyens : Lacord, Thommelin, Lallemant et Armand Lévi. — Le mandat est signé du citoyen secrétaire Mollevaux. — Le conseil fédéral adopte.

L'association typographique du faubourg Saint-Denis demande un à-compte.

VARLIN. Nous devons pour notre compte une note à cette association.

FRANKEL. Combien a-t-on vendu de volumes de nos procès? Où en sommes-nous financièrement?

VARLIN. Franquin, qui s'occupait de ces comptes, est aux avant-postes.

PINDY. Que Goullé, successeur de Chatel, s'occupe de dresser un compte général.

LAPORTE. Je propose que les sections payent au conseil fédéral 10 centimes par mois pour chacun de ses membres.

VARLIN. Les corporations ouvrières ne sont pas en activité; mais les sections constituées doivent payer.

LAPORTE. Que les associés ne payent pas leurs 15 centimes par semaine à leur section, cela se comprend, mais ils peuvent et doivent payer les 10 centimes par mois au conseil fédéral.

PINDY. Que le montant de la cotisation de décembre soit apporté, jeudi prochain.

BACRUCH propose que la cotisation de 10 centimes par mois soit payée au conseil fédéral.

La proposition est votée.

VARLIN. Les bronziers sont dispersés dans les compagnies de guerre, ils ne peuvent verser, on ne peut l'exiger, il y a force majeure.

MINET. Nous sommes aussi dispersés dans ma corporation ; je ferai une démarche et j'apporterai de l'argent, si cela est possible.

ANDRÉ. Les ébénistes sont dans le même cas de dispersion.

GOULLÉ. Rapport de la commission du journal.

*La Lutte à outrance* a tiré son premier numéro à 5,000, le second à 8,000, le troisième à 12,000.

Le citoyen Armand Lévi nous propose une entente avec le conseil fédéral pour la ligne politique du journal et nous réserve deux à trois colonnes avec titres de séparation absolue pour que nous y soyons bien chez nous.

ARMAND LÉVI, *délégué de l'Association républicaine.* — J'offre de travailler gratuitement à votre journal jusqu'à ce qu'il soit fondé! Les travailleurs peuvent fonder un organe indestructible au moyen de forces tirées de leur propre sein. Je serai votre écho fidèle en politique. — Pour le travail, le travailleur doit combattre groupé par corporation. — Nous combattrons le clergé et ses empiétements, la féodalité industrielle, — nous défendrons la République qui est au-dessus du droit des majorités.

Je ne veux pas faire un journal à moi, ni dans mon intérêt, mais un journal à vous. Le travailleur doit aujourd'hui vouloir ne s'élever qu'avec sa classe et ne pas chercher à s'élever lui seul.

Je désirerais que le journal devînt de suite hebdomadaire. On peut compter sur un tirage moyen de 8,000 exemplaires. Si vous le désirez, les colonnes seront partagées par moitié entre vous et le *club de l'École de médecine*.

LAPORTE. Je suis de la même opinion que le citoyen Armand Lévi. Je pense qu'un journal exclusivement ouvrier manquerait d'intérêt, je désire qu'on y joigne la politique. Nous pourrons peut-être faire un effort et paraître tous les jours.

VARLIN. Le journal *la Lutte à outrance*

est rempli par les comptes rendus du club de l'École de médecine ; il faudrait paraître souvent, mais le club n'a de fonds que pour un numéro par semaine, il ne pourrait paraître quotidiennement que si nous faisions un effort très-énergique.

GOULLÉ. J'ai demandé des abonnements à seize sections, tâchons de paraître trois fois par semaine.

LACORD. Le citoyen Laporte ne se rend pas compte des difficultés pécuniaires à vaincre pour paraître tous les jours. Il faudrait faire une délégation qui aille demander des abonnements à toutes les sections. Ce soir, le conseil fédéral a à examiner l'offre faite par le citoyen Lévi au nom du comité du 6e arrondissement.

FRANKEL. Il nous faut un organe qui explique clairement nos idées ! Comment voulez-vous que l'ouvrier qui ne sait rien apprenne? On lui parle aujourd'hui de Com-

MUNE, ce mot l'effraye, il ne sait ce que c'est.
Depuis la République, NOUS N'AVONS RIEN
FAIT. La bourgeoisie nous combat aujour-
d'hui! Répondons-lui avec un journal mor-
dant, indépendant, qui tienne haut et ferme
le drapeau des travailleurs.

Je n'accepte pas la rédaction de *la Lutte
à outrance,* telle qu'elle est, mais nous
pouvons lui faire un programme..

DAVID. Ma section réclame un journal;
acceptons-nous ou n'acceptons-nous pas
*la Lutte à outrance?* Le siége va finir, il
nous en faudra un pour la province, qui
forme des sections et qui compte sur nous.

ARMAND LÉVI. Il faudrait que le journal
contînt une partie intitulée : *Tribune de
l'Association internationale des travailleurs,* partie exclusivement rédigée par
nous. Pour la partie politique, convenons
d'un programme, je le suivrai. Différents
clubs ont promis leur concours et sont ré-

solus à suivre avec nous le chemin droit du socialisme révolutionnaire.

Varlin. Nous avions espéré fonder nous-même un journal quotidien; l'étude que nous avons faite nous a démontré que cela était impossible. Nous devons accepter *la Lutte à outrance*, peut-être deviendrons-nous quotidien avec le concours des autres clubs.

Minet. Pour éviter les difficultés qui peuvent surgir, il serait urgent qu'un entrefilet indiquât que l'Association internationale des travailleurs ne répond que de sa tribune.

Chalain. Je suis opposé à ce que le conseil fédéral fasse une tribune dans aucun journal sans dégager expressément sa responsabilité. Il faudrait en tout cas une commission de rédaction. Il vaudrait mieux faire un journal nous-mêmes; à cet effet la section des Batignolles nous abandonne ses fonds.

BACHRUCH. Il nous faut un journal ouvrier. — *La République des travailleurs* a fait une fausse route.

FRANKEL. Varlin et moi, nous voulions un journal à nous, nous avons vu l'impossibilité. J'accepte comme lui *la Lutte à outrance*. L'ouvrier français a besoin d'avoir une idole, laissons-le en avoir, mais haïssons et combattons avec lui la bourgeoisie. — La république bourgeoise n'est plus à discuter, *la Lutte à outrance* devra discuter la *république sociale*.

CHALAIN. Nous ne devons pas avoir de rédacteur en chef. — *La République des* . *travailleurs* porte mon nom ; je n'y ai pas écrit, mais j'accepte la responsabilité tout en déclarant que le premier numéro a été maladroitement fait. Nous vous demandions de la copie, cela a manqué, réunissons les deux journaux.

MINET. Que le président consulte le conseil fédéral; acceptons-nous *la Lutte à ou-trance?*

CHALAIN. Votons par sections.

BACHRUCH. Toutes les sections doivent être représentées, c'est leur devoir.

Vote par sections. 14 *sections votent :
Oui. Vote de la section des Ternes, nul.*

Voté à l'unanimité. Le journal *la Lutte à outrance* aura un sous-titre séparé du corps du journal et une réserve pour la partie politique.

La séance est levée à 11 heures et demie.

*Le secrétaire,*

H. GOULLÉ.

P.-S. *Omission au procès-verbal.*

LACORD. Il est inutile de faire une tribune de séparation, puisque le journal nous appartiendra. Nous ne voulons pas suivre la ligne de *la Patrie en danger.*

BACHRUCH. Blanqui a souvent des idées justes, mais c'est un journal socialiste que nous faisons, et quoi que je pense de Blanqui, je ne veux pas m'écarter de cette ligne.

*Commission de rédaction.*

SONT NOMMÉS :

*Frankel, Pindy, Minet, Bachruch, Goullé, Franquin, Varlin, Laporte, Theisz, Verdure.*

# SÉANCE DU 19 JANVIER

# SÉANCE DU CONSEIL FÉDÉRAL

## DU 19 JANVIER 1871.

---

*Président,* **Rouveyrolles.** *Assesseur,* **Frankel.**
*Secrétaire,* **H. Goullé.**

---

### Sont présents :

Faubourg du Temple, — Batignolles. — Hôpital Louis. — Ternes, — École de Médecine, — Grandes-Carrières de Montmartre, — Sociale des Écoles, — Marmite, 2e et 4e groupes, — Brantôme, — Orfévres. — Tisseurs en tous genres, — Lithographes, — Mécaniciens, — Boulangers.

---

*Lecture du procès-verbal. — Il est adopté.*

COUPRY. Il a été désigné quatre délégués pour représenter la section des Batignolles au conseil fédéral. Je regrette que deux sur quatre manquent. Le journal *la République des travailleurs* semble vouloir suivre une route à part.

Cette attitude est blâmable.

ROUVEYROLLES. La classe des travailleurs est bien peu soigneuse de nous envoyer ses délégués.

MÉLIN. La guerre a trouvé la corporation des lithographes désunie; aujourd'hui elle se rapproche et s'occupe de la rentrée des lithographes allemands dans les ateliers. La corporation est résolue à repousser ceux qui n'auraient pas de lien international avec elle. Lecture d'un procès-verbal à ce sujet. — Une communication est annoncée.

TABOURET. Le travail infligé aux ouvriers boulangers est oppressif. Il se fait la nuit, sans nécessité, cela nous sépare de la société et de la famille ; dormant pendant le jour, nous vivons comme retranchés du monde, aussi ne pouvons-nous être en communion d'idées avec les travailleurs. Les boulangers demandent l'appui de l'Internationale.

Une grève de boulangers aurait une grave influence sur la société.

FRANKEL. Varlin et moi, nous avons traité cette question sociale, nous avons démontré qu'au moyen âge les boulangers ne travaillaient que le jour et qu'ils fêtaient même toutes les fêtes d'alors ; cela faisait cent jours environ de chômage par an.

GOULLÉ. Les boulangers pourraient nous remettre un mémoire pour le journal.

VARLIN. Le moment serait mal choisi, aujourd'hui que la farine manque. Cette corporation manquait de force, il y a quelques mois, ce serait bien pis actuellement. Je demande l'ordre du jour.

CHALAIN. Je m'étonne que le conseil fédéral discute une telle question dans un tel moment, où la *situation politique est si menaçante.*

VARLIN. Beaucoup de corporations sont dans le même cas que les boulangers. Quant je suis allé en province, j'ai vu des centres tout entiers *émasculés* par une atroce misère. Le seul remède serait celui-ci : devenir un corps politique puissant afin d'agir nous-mêmes.

BACHRUH. Je demande l'ordre du jour.

ROUVEYROLLES. Notre concours est acquis aux boulangers, la communication sera examinée. Je mets aux voix l'ordre du jour. L'ordre du jour est voté.

CHALAIN. La section de l'Est fomente chez nous la discorde; le conseil fédéral doit accomplir son mandat sans tenir compte de cette opposition. On a fait dans les ar-

rondissements des conseils de vigilance.
Cela a pu être utile en son temps, mais aujourd'hui il est urgent que tous viennent se
grouper au sein du conseil fédéral. Je demande qu'on nomme des délégations pour
aller dans les sections.

FRANKEL. Cela a été fait et n'a pas produit de résultat.

BALLERET. L'Internationale doit s'efforcer
de *gagner du terrain dans la politique.*

GOULLÉ. Commission du journal. Il est
urgent que nous fassions un manifeste en
prenant possession de *la Lutte à outrance.*

VARLIN. C'est là une question qui-doit
être résolue au sein de la commission de
rédaction, pour moi je suis convaincu qu'il
n'y a plus de temps à perdre en face des
événements.

CHALAIN. Le manifeste de la société internationale des travailleurs devra voter

nettement *la question de la liquidation sociale.* L'empire a légué 16 milliards de dette, la guerre et le gaspillage en ont fait autant ; *la liquidation est inévitable*, il faut le dire aux bourgeois.

ROUVEYROLLES. Ces projets de manifeste devraient être rédigés. Il est regrettable qu'ils ne le soient pas.

LACORD. *L'Internationale a mal compris son rôle, les travailleurs devaient s'emparer du pouvoir le 4 septembre, il faut le faire aujourd'hui. Si, le premier jour, l'Internationale avait marché droit son chemin, tout aurait tourné d'une autre manière, notamment le 31 octobre. Tout est désorganisé aujourd'hui, et cependant l'Internationale doit comprendre qu'à l'heure actuelle son existence même est en jeu. Elle eût tué le gouvernement,* si un organe à elle avait démontré ses fautes au public à mesure qu'il les commettait, son journal ayant été exclusive-

ment aux mains de nos classes. Pour étudier les questions vitales qui s'agitent en ce
moment, je propose que les séances deviennent quotidiennes. L'Internationale ignore
sa force réelle, elle est considérable; le
*public la croit riche et unie.*

Rouveyrolles. L'Internationale s'est
*toujours occupée de politique, et en la
critiquant,* on oublie *que les sections sont
ruinées, que leurs membres sont dispersés.* Si le *public savait tout cela,* il *ju-
gerait combien nous sommes faibles et
l'association tomberait du coup.*

Mélin. Un manifeste non appuyé de
forces effectives serait un échec; ce serait
un 31 octobre.

Frankel. Notre journal sera en force,
j'ai un projet de manifeste. — Lecture
du projet.

A. Lévi. Le manifeste du conseil fédéral est bon comme idées, mais pas assez

dans le sens actuel. Ce qui a fait la force de l'Internationale, ça été de ne pas se limiter à combattre seulement pour les travailleurs français et de s'étendre au prolétariat de l'univers. En 1848, nous voulions, nous aussi, réformer la société de fond en comble. L'expérience du passé semble prouver que le plus sûr moyen pour devenir une puissance redoutable est de grouper les travailleurs par corporation; chaque groupe aura son règlement particulier et sa représentation dans un conseil central. Le journal sera l'organe et du conseil et des corporations.

VARLIN. Le projet de Frankel, bien qu'excellent dans les idées, est un article et non un manifeste. Il est indispensable qu'un manifeste prenne possession du journal au nom du conseil fédéral. L'Internationale n'a pas voulu faire de la politique personnelle, elle a laissé cela aux réunions publiques, pour ma part je ne le regrette pas. En face des événements, je crois indispensable des séances fréquentes.

Rouveyrolles. Le citoyen *Lacord* propose quatre séances par semaine et le citoyen Varlin trois ; je consulte le conseil, puis on votera.

Vote : Il y aura séance les mardi, jeudi et samedi à 8 heures. — A l'unanimité.

La séance est levée à 11 heures et demie.

*Le secrétaire,*

Henri Goullé.

# SÉANCE DU 26 JANVIER

# SÉANCE DU 26 JANVIER 1871.

---

P ᵗᵗ, **Frankel.** — *Assesseur*, **Noro.**

---

**Sont présen :**

École de Médetine, — Brantôme, — Hôpital Louis. — Richard-Lenoir, — Faubourg Antoine, — Couronnes,— Ternes, — Marmite 2ᵉ groupe, — Coupeurs pour chaussures, – Orfèvres, — Mécaniciens, — Cercle d'études, — Cordonniers, — Tisseurs en tous genres.

---

*Lecture du procès-verbal. — Observations.*

Lacord remarque que certains *passages*

*des procès-verbaux deviendraient dange-
reux pour nous dans le cas où un des exemplaires s'égarerait.* — *Rouveyrolles,*
d'après le procès-verbal, a dit que l'*Internationale était faible.* Les jugements que
les membres du conseil fédéral sont appe-
lés à formuler en séance ne doivent pas être
connus du public. Le secrétaire doit juger
ces passages et en éliminer, dans cet ordre
de pensée, ceux *compromettants pour
l'Association.*

FRANKEL. Je m'associe à l'observation de
Lacord ; au sujet des boulangers et de l'appui qu'ils demandent, j'avais employé le
mot difficulté et non impossibilité.

Le procès-verbal est adopté.

MÉLIGNE. Ma section a souscrit au journal. Où en sommes-nous avec la *Lutte à
outrance?*

LACORD. Le club de l'École de médecine,
qui supportait les frais de la *Lutte à ou-*

*trance*, n'existe plus. Je me suis occupé de ce journal, tous ces jours-ci, et, sans en être sûr encore, je crois néanmoins qu'il continuera à paraître ; je vous donnerai une réponse définitive mardi.

VARLIN. Ce journal est en danger de ne plus paraître ; nous ne pouvons plus compter sur lui. Le malheur a durement atteint les sections des Ternes et des Batignolles pendant le siége. La mort d'associés nous laisse sept orphelins sur les bras.

LACORD. J'ai rédigé un manifeste ; *je n'ai d'argent que pour en publier deux cents exemplaires.*

Lecture du manifeste. — Approbation.

Il est résolu qu'on recherchera un moyen de le publier.

Un homme dévoué nous offre 1,500 francs pour commencer un journal. Je pense que cette proposition sera suivie d'effet et que

3.

nous aurons un organe qui, conquérant une
place politique puissante par notre nom et
tenant haut et ferme le drapeau de l'Internationale, deviendra notre porte-voix et
discutera, au nom des travailleurs, les *ques-*
*tions politiques d'où dépendent les desti-*
*nées du pays.*

Dès aujourd'hui, nous voudrions flétrir
les auteurs de ces menées criminelles qui
ont semé la discorde entre la ligne, la mo-
bile et la garde nationale.

VARLIN. La *République des travailleurs*
ne paraîtra probablement pas samedi prochain ; l'argent manque. N'ayant plus de
journal, nous pourrions nous réunir à quelques groupes républicains pour publier une
brochure qui fasse connaître la vérité sur
les faits du **22** janvier. En face de la capi-
tulation, l'Internationale a fait son devoir.

LACORD. *La Lutte à outrance* peut tomber dignement ; elle peut se faire supprimer
en publiant un appel à l'armée.

GOULLÉ. La population est pourrie ; si le conseil fédéral veut accepter la responsabilité, publions hautement notre opinion sur la situation politique. Quant à moi, je crois que le peuple ne nous soutiendra pas.

LACORD. Nous ne devons pas désespérer, si on nous abandonne, restons l'Internationale, c'est-à-dire *une association d'hommes pratiques et marchant seuls et la tête haute.*

FRANKEL. Occupons-nous moins du 22 janvier et plus de l'avenir.

VARLIN. Actuellement l'élément solide, c'est-à-dire les travailleurs, manque ; ceux-ci se contentent des indemnités de 1 fr. 50 c. et 0,75 c. pour leurs femmes.

GOULLÉ. Si nous ne restons pas étroitement unis en face de la bourgeoisie qui, déjà, s'organise pour réduire les salaires après la guerre, ce serait renier le devoir.

Frankel. Les délégués tiennent le langage du découragement. La situation était d'une telle gravité qu'elle désorientait tout le monde ; en faisant de la propagande, nous ramènerons le peuple à nous.

Les clubs, les ligues, n'ont rien fait ; ils ont laissé tomber Paris et ils pouvaient le sauver. Le Prussien va entrer, la bourgeoisie le flattera pour conserver sa puissance et ses priviléges, et elle fera peser sur nous les charges qui vont résulter de la guerre.

Lacord. Nous avons assez discuté ; il faut aviser à ramener d'abord les ouvriers et ensuite avoir des travailleurs parmi les gens au pouvoir.

Noro. Les sections *doivent être recomposées :* je demande que le conseil fédéral nomme des délégués qui aillent les réveiller.

Varlin. La *République des travail-*

*leurs* et la *Lutte* à *outrance* ne reparaî-
tront probablement plus, cherchons donc
un moyen de faire un nouveau journal; le
seul moyen que nous avons de devenir forts
est de réorganiser l'Internationale.

MÉLIGNE. Il peut survenir dans la situation des événements qui nous soient favo-
rables; nous devons nous tenir prêts à béné-
ficier des circonstances.

HARDY. La République est en danger,
nous devons nous unir aux républicains
pour la défendre.

FRANKEL. Je demande à l'assemblée si
elle ne juge pas urgent de voter qu'en cas
d'événement toutes les sections devront se
réunir ici.

La proposition est votée à l'unanimité.

La séance est levée à onze heures.

*Le secrétaire,*

H. GOULLÉ.

# SÉANCE DU 15 FÉVRIER

# PROCÈS-VERBAL DE LA SÉANCE DU CONSEIL FÉDÉRAL
## DU 15 FÉVRIER 1871.

---

*Président,* **Avrial.** — *Assesseur,* **Frankel.**

---

**Sont présents :**

Cercle d'études sociales, — Est, — Brantôme, — Hôpital Louis, — La Gare et Bercy, — Couronnes.

---

*Lecture du procès-verbal. Il est adopté.*

COMMUNICATIONS.

Piau donne lecture d'une lettre de Ledoré de Brest. — Résolution. Le citoyen Piau publiera cette lettre individuellement.

AVRIAL. La *Petite Presse* annonce *que Victor Hugo et Louis Blanc sont présidents honoraires de l'Internationale* et que *Malon et Tolain ont reçu un à-compte de* 20,000 *francs sur les* 200,000 *que l'Internationale leur alloue par an, pendant qu'ils seront députés. Il serait urgent de rectifier.*

SERAILLER. Il faudrait d'abord faire une rectification au sujet des affiches des quatre comités. Cette annonce de la *Petite Presse* est une affaire du même ordre. Je n'y vois à rectifier que l'assertion sur notre présidence; *quant aux* 200,000 *francs, il est avantageux de laisser croire que nous sommes riches.*

FRANKEL. Je suis satisfait de voir la bourgeoisie et ses journaux s'occuper de nous et nous craindre.

BABICK. La *Petite Presse* est un journal de peu de valeur, il n'y a pas à s'occuper de ce qu'il dit.

GOULLÉ. Le seule réponse à faire consisterait à adresser trois lignes à la *Petite Presse* pour déclarer que l'*Internationale* n'a ni présidents, ni chefs; rien de plus. Sinon ce journal fera deux colonnes sur l'*Internationale,* afin d'essayer d'entamer une polémique avec nous. Ce serait un moyen de battre monnaie.

FRANKEL propose l'ordre du jour. Il est adopté.

———

*Ordre du jour.* — *De la réorganisation de l'Association.*

FRANKEL. *Depuis le 4 septembre, les événements ont dispersé l'Internationale.* Il serait urgent de reconstituer les sections pour qu'elles retrouvent la force qui leur est indispensable. Nous avons une force morale, sinon en France, du moins à Paris ; la force matérielle nous manque, faute d'organisation. Beaucoup d'associés ne comprennent pas le but de l'association ; aussi nous avons fait une liste de candidats socialistes, et beaucoup de membres ne se sont pas rendu compte des raisons qui nous faisaient porter des noms obscurs à la place de Louis Blanc et Victor Hugo. Nous voulons faire parvenir à la députation quelques internationaux ouvriers. Il est regrettable qu'on n'ait pas mieux compris quel but on devait poursuivre. *Il nous faut une organisation virile, des sections disciplinées avec leur propre règlement, qui participent* à nos travaux par leurs propres délégués, qui se maintiennent dévouées à l'idée internationale, vivaces, sans jamais se lasser, ni fléchir. *A ces conditions on sera prêt et puissamment constitué au jour de l'action, si imprévue que soit son arrivée.*

Avrial. J'ai annoncé dans les journaux la création d'une section de prolétaires dans le 11ᵉ arrondissement. Voici un aperçu des statuts : *Tout ouvrier adhère à la société de résistance de la corporation. La preuve de moyens d'existence honorables sera exigée de chaque postulant.* Le conseil approuve unanimement.

Il faut deux éléments au C. F. : le groupement des travailleurs manuels et l'étude approfondie des questions sociales. Il sera difficile de reconstituer l'*Internationale :* le manque de travail a créé la misère, et il nous faut des cotisations fidèlement payées pour publier des journaux, des brochures et aller dans les centres en province.

Theiz. L'Internationale doit devenir le gouvernement social lui-même dans l'avenir. Les sociétés ouvrières se groupent difficilement aujourd'hui : les sections se constituent plus facilement ; les sociétés ouvrières sont fatalement vouées à la lutte

quotidienne du salariat : nous savons
combien cette tâche est rude, embarrassée
dans mille détails, absorbante. Les sections, avec un bon esprit politique et social, sont appelées à posséder une grande
domination sur l'opinion publique. Je propose donc au C. F. de marcher résolû-
ment vers l'avenir, et, pour en ouvrir la
voie, je vous demande la nomination d'une
commission spécialement consacrée à faire
une enquête au sein même de chaque section et en dresser un rapport qui vous sera
soumis. Les membres de cette commission
seront les porte-paroles du C. F. et déve-
lopperont dans les sections la pensée du
C. F. Une scission s'est produite dans la
dernière élection; il est certes déplorable
d'avoir vu une section hasarder une démarche près de la bourgeoisie.

Demay. Il est urgent d'avoir des sections
dans chaque arrondissement.

Babick. Nous devons décider si nous

aurons des sections par arrondissement ou par quartier, et, si plusieurs sont du même arrondissement ou quartier, on pourrait les inviter à fusionner.

HAMET. Pour aujourd'hui je suis contre les sections d'arrondissement : il faut reconstituer d'abord l'Internationale. — Passons à la proposition de Theiz.

AVRIAL. C'est avec raison que les statuts laissent aux sections le soin de se créer et de se réglementer elles-mêmes. Je mets en discussion la proposition de Theiz.

FRANKEL. J'appuie la proposition de Theiz pour reconstituer l'Internationale. Je voudrais en outre qu'on avisât aux moyens d'avoir un journal et qu'on nommât des secrétaires pour renouer des *relations avec la France et avec l'étranger.*

SERAILLER. On s'occupe trop des sections et pas assez du C. F., qui, lui, n'a pas rempli son devoir.

Le conseil général de Londres n'a jamais eu assez de renseignements du C. F. pour connaître la situation de la branche française de l'Internationale. Il est urgent de reconstituer et l'Internationale et le conseil fédéral, puis de nommer des secrétaires qui correspondent immédiatement avec l'étranger et avec le conseil général.

Une fusion de tous les dissidents est indispensable. D'accord avec la section de l'Est, plusieurs sections ont nommé un nouveau conseil fédéral ; toutes offrent de le faire siéger ici et de le fondre avec vous, si vous voulez marcher en avant.

A Londres, l'*Internationale est une puissance politique de premier ordre : qu'un mouvement socialiste éclate*, L'INTERNATIONALE EST PRÊTE *en Angleterre. En France, il n'en est pas de même.*

GOULLÉ. Le prolétaire français n'a pas cette atroce et hideuse misère anglaise pour aiguillon : aussi n'a-t-il pas cette énergie patiente et tenace. Il a cependant aussi ses qualités, l'ardeur et l'audace : ce sont les deux éléments qu'on doit saisir; malheureusement, depuis le 4 septembre les associés ont oublié le devoir, aussi n'a-t-on pas parcouru la carrière qu'on devait parcourir. C'est à l'avenir qu'il faut songer maintenant. — J'appuie la proposition de Theiz.

La proposition Theiz est votée à l'unanimité. Sont nommés membres de la commission *Theiz, Frankel, Rochat, Babick, Goullé Piau, Pagnerre, Hamet, Demay* et *Bernard*.

La séance est levée à onze heures un quart.

*Le secrétaire,*
Henri GOULLÉ.

———

# SÉANCE DU 22 FÉVRIER

# PROCÈS-VERBAL DE LA SÉANCE DU CONSEIL FÉDÉRAL
## DU 22 FÉVRIER 1871.

---

*Président,* **Varlin.** — *Assesseur,* **Pindy.**

---

**Sont présents :**

Cercle d'études, — Est, — École de médecine, — Hôpital Louis, — Gobelins, — Ternes, — Fatignolles, — Couronne, — Richard-Lenoir, — Récollets, — Brantôme, — Faubourg Antoine, — Temple, — Poissonnière, — Dessinateurs, — Relieurs.

---

*Lecture du procès-verbal.*

THEIZ. Cette phrase : *La scission qui s'est produite a été un scandale, etc.,*

4.

traduit mal ce que j'ai exprimé : elle déna-
ture une pensée de conciliation. Je demande
une rectification. — Le C. F. après avoir
voté la rectification, adopte le procès-verbal.

PINDY lit le procès-verbal de la séance
du 11 février de la section des Gobelins.

PICARD propose au nom de la section Richard-Lenoir une manifestation pacifique,
le 24 février, pour affirmer énergiquement
les tendances républicaines du peuple de
Paris.

COMBAULT nie l'opportunité d'une telle
manifestation, où le peuple ne nous suivrait
point.

ROLLET ajoute qu'une manifestation
pourrait servir de prétexte aux violences
contre le peuple. Il faut éviter cela dans les
circonstances actuelles.

RIDET. Une manifestation pourrait avoir
pour résultat de prouver que les Parisiens

sont disposés à tout pour conserver la République et d'entraîner avec nous cette
masse hésitante qui, à certains moments, se
rallie à la force et au nombre.

FRANKEL. Tout en étant très-sympathi-
que à la manifestation, je conteste l'impor-
tance qu'elle pourrait avoir au milieu des
événements actuels. Il est urgent de s'occuper d'études et d'organisation : ce qui se
passe sous nos yeux le démontre avec évi-
dence. Nous devons approfondir les questions spéciales, celles des loyers et du
chômage général. Les sections doivent par-
ticiper chez elles à ce travail et le faire rapidement. Il est nécessaire de coordonner
toutes nos pensées, toutes nos appréciations et de les résumer dans un mandat à
donner à Malon et à Tolain, qui siégent à
l'Assemblée et qui y doivent faire entendre
la volonté des travailleurs. Je demande
qu'on repousse toute discussion sur la manifestation par l'ordre du jour.

*L'assemblée vote l'ordre du jour; cha-*

*que associé jugera s'il veut prendre part individuellement à la manifestation.*

———

*Babick, Rochat, Frankel, délégués près des sections, rendent compte de leur mission :*

Nous informons le conseil fédéral que notre démarche auprès des sections pour leur porter la proposition de reconstitution votée par le C. F. a été bien accueillie, et nous avons la satisfaction de voir siéger ici ce soir les délégués des sections que nous avons visitées ces jours derniers.

FRANKEL. Je voudrais voir le travail de reconstruction marcher plus rapidement. Nous devrions aussi reconstituer les sections du département de la Seine. Je ne me lasserai pas de demander au conseil fédéral la création d'un organe de l'association.

Le journalisme est le plus puissant moyen de propagande. Il est urgent que les cotisations rentrent régulièrement à l'avenir. Le conseil fédéral a besoin d'argent pour fonder un journal, pour envoyer des délégués en province qui fassent autour des principes internationaux une immense publicité; par ce moyen nous grouperons dans l'Association un nombre considérable de travailleurs. Je demande la nomination d'une commission pour élaborer de nouveaux statuts du conseil fédéral.

La proposition est mise aux voix et adoptée.

Sont nommés membres :

*Pindy, Rochat, Theiz, Babick, Lacord, Déliot, Frankel, Varlin.*

RIDET. Je demande que tout membre d'une

section de l'Internationale soit tenu d'adhérer à la société de résistance de sa corporation et à la société ouvrière du syndicat.

MALÉZIEUX. Il y a des sociétés ouvrières qui sont animées du plus mauvais esprit politique et social. Un citoyen dévoué aux principes de l'Association internationale ne peut pas adhérer à la société de sa corporation, si celle-ci est réactionnaire.

VARLIN. Le dernier congrès a invité tous les ouvriers à se grouper dans les sociétés de résistance de leur corporation. En conséquence je suis d'avis qu'on invite les membres de toutes les sections à adhérer. à leurs syndicats respectifs.

ROCHAT. Je demande qu'on oblige en quelque sorte les *internationaux* à adhérer aux sociétés de résistance. C'est là un devoir

primordial pour tout socialiste, et il est
absolument indispensable de constituer
solidement toutes les sociétés corporatives.
Car là seulement est notre vraie force pour
l'avenir.

GOULLÉ. Les bourgeois et les industriels
s'organisent fiévreusement sur toute l'éten-
due du sol français, se préparant à la *lutte
inévitable sur le terrain politique et sur
celui du salariat.* Dégoûtés des avocats,
ils songent sérieusement à s'enquérir eux-
mêmes des prétentions de la classe ouvrière, prétentions qui leur causent une immense inquiétude. En face de l'activité de
la bourgeoisie, je suis d'avis d'affirmer
hautement *nos revendications sociales.
Nos sections de province doivent renaître, plus étroitement unies à nous que
jamais; elles doivent devenir chacune,
dans leurs circonscriptions électorales,
un foyer politique, respecté des amis
et redouté des ennemis, puissant sur l'o-
pinion publique.* Cette marche audacieuse

en avant me semble nécessaire pour édifier l'avenir. Un journal et de l'argent auraient dans nos mains une utilité incontestable pour les intérêts de l'Association. Il serait bon de commencer dès maintenant à écrire à nos sections *de province et d'établir exactement notre situation sur chacun de ces points.*

FRANKEL. Je propose de mettre à l'ordre du jour de notre prochaine séance la discussion des statuts du C. F. que la commission aura élaborés.

Cet ordre du jour est accepté.

PINDY donne lecture de la lettre *du général Cluseret.*

Le C. F. décide que cette lettre sera publiée à ses frais et vendue par ses soins.

La séance est levée à onze heures trois quarts.

*Le secrétaire,*

Henri GOULLÉ.


*P.-S.* Prière aux citoyens secrétaires des sections de lire en séance le procès-verbal du C. F.

———

# SÉANCE DU 1er MARS

# PROCÈS-VERBAL DE LA SÉANCE

## DU 1er MARS 1871.

---

*Président,* **Pindy.** -- *Assesseur,* **Varlin.**

---

**Sont présents :**

Cercle d'études, — Couronnes, — Est, — Gobelins, — École de médecine. — Hôpital Louis, — Poissonnière, — Récollets, — Faubourg du Temple, — Sociale des écoles, — Gare et Bercy, — Vertbois, — Richard-Lenoir, — Marmite, 2e groupe, — Peintres en bâtiment.

---

Lecture du procès-verbal.

Rochat. Le procès-verbal n'indique pas la présence du délégué des peintres en bâtiment.

Le procès-verbal est adopté avec cette rectification.

Franckel. Le grand nombre de gardes nationaux en service ce soir explique l'absence de beaucoup de délégués.

---

*Communication d'urgence. — Comité central de la garde nationale:*

Varlin. Il serait urgent que les internationaux fassent leur possible pour se faire nommer délégués dans leur compagnie et pour siéger ainsi au *comité central*. Je demande la nomination d'une commission de quatre membres qui se rende auprès de ce comité, qui juge en quoi l'Internationale peut ou si elle doit s'en occuper, et qui fournisse ensuite tous les renseignements au C. F.

CHOUTEAU dénonce une calomnie dont il est victime et demande une enquête.

PINDY. Cette accusation est portée par Chauvière, de *l'Internationale*. Cela doit être porté devant les membres de la section de Chouteau, et non devant le C. F. Je propose un vote au C. F.

Le conseil fédéral vote que l'affaire sera portée devant le Cercle des études sociales (section à laquelle appartient *Chouteau*).

FRANCKEL. *Communication.* Depuis trois semaines le ministère a été changé en Autriche, une amnistie a été accordée, et nos frères condamnés en ce pays ont été mis en liberté. En Hongrie, à Pesth, Bachruch et nos amis provoquent des réunions publiques où on parle en faveur de la France.

ROCHAT. Il serait bon que l'*Internatio-nale* française fît, d'accord aveo les sections, un manifeste adressé à tous les travailleurs à l'occasion de la paix.

HAMET. Il serait prudent d'attendre que la paix fût conclue.

PINDY. Il est utile de s'occuper de cela dès maintenant, à cause des lenteurs de l'impression.

FRANKEL. Je ne comprends pas l'em-pressement qui porte à faire un manifeste immédiatement : laissons un peu de répit aux Allemands afin qu'ils aient le temps de réfléchir.

BIDET. Je pense qu'il faut agir prompte-ment, dans la chaleur de la première indi-gnation.

VARLIN. Je me rallie à l'opinion de Frankel. Je pense que nous devons faire

un manifeste de raison et de froid juge-
ment.

THEIZ. Nous devons nous adjoindre la
chambre fédérale et faire ce manifeste à
nous deux, *en dehors de la délégation
des vingt arrondissements, ce groupe
ayant une action exclusivement* parisienne.

Le C. F. vote :

1° Une commission va être nommée;

2° Elle rédigera un manifeste, de concert
avec la chambre fédérale;

3° La délégation des vingt arrondissements n'y participera pas.

Sont nommés membres de la commission
pour le conseil fédéral : *Várlin, Frankel*
et *Theiz*.

———

5.

## COMITÉ CENTRAL DE LA GARDE NATIONALE.

———

VARLIN. Allons là, non pas comme internationaux, mais comme gardes nationaux, et *travaillons à nous emparer de l'esprit de cette assemblée.*

FRANKEL. Ceci ressemble à un *compromis avec la bourgeoisie : je n'en veux pas. Notre chemin est international, nous ne devons pas sortir de cette voie.*

LACORD. Il faut absolument empêcher la garde nationale de « se mettre à la remorque de la réaction, comme cela a eu lieu au premier tour de scrutin. Ces gens-là viennent à nous par suite de l'influence morale qu'a conquise l'*Internationale.* Pourquoi les repousser? »

HAMET. La commission que nous nommerons doit aller se renseigner au sein de ce comité, et nous rendre compte à la prochaine séance.

CLAMOUS. En nous faisant nommer délégués dans nos compagnies, nous conquerrons une force réelle : usons de ce moyen. Nous saurons ainsi avec qui nous marchons.

BIDET. J'ai eu la preuve, ce soir, que Vinoy n'est plus obéi. La ligne veut éviter tout conflit avec le peuple. Vinoy l'a envoyée chercher les canons à la place Royale. La garde nationale a refusé de les livrer. La ligne n'a pas insisté.

BABICK. L'influence de ces événements est considérable dès maintenant ; ce peut être là un avantage immense.

PINDY. On semble oublier qu'il y a là un risque de compromettre l'*Internationale*.

FRANKEL. Personne ici ne peut engager l'*Internationale* avant d'avoir consulté sa section.

GOULLÉ. Il n'y a pas à engager l'*Internationale*. — Il s'agit d'avoir des internationaux parmi les délégués des compagnies, puis quatre membres dans le comité central, pour y agir en leur nom individuel et venir renseigner le conseil fédéral.

CLAMOUS. Ce sont des socialistes qui sont à la tête de l'affaire.

VARLIN. Les hommes de ce comité qui nous étaient suspects ont été écartés et remplacés par des socialistes qui désirent avoir parmi eux quatre délégués servant de lien entre eux et l'*Internationale*. Si nous restons seuls en face d'une telle force, notre influence disparaîtra; et, si nous sommes unis avec ce comité, nous faisons un grand pas vers l'avenir social.

Babick. Acceptons les éléments qu'on
nous offre et usons-en avec les réserves com-
mandées par la prudence. Je combats Pindy
et Frankel; mais je veux que, dans tout
ceci, l'*Internationale* soit complétement
à l'abri.

Bidet. Il n'y a point d'inconvénient à
nommer quatre délégués avec le mandat de
réserve bien fixé, et il y en aurait à ne point
le faire; car, si les socialistes de ce comité
ont à marcher en avant, ce serait une folie
que l'*Internationale* leur refusât son con-
courstacite.

Charbonneau. Vous dites que le *comité
est devenu socialiste;* à son début il était
*réactionnaire.* Je reste défiant. En conséquence, j'appuie la nomination de quatre
membres; ils auront un mandat déterminé,
et ne se mêleront qu'à la lutte sociale.

Rouveyrolles. Les socialistes qui se sont
avancés dans l'intérêt du peuple demandent

de l'appui : ce serait une désertion de
n'en pas donner.

PINDY. Je vais faire voter la proposition
sous la forme suivante, qui résulte de la
discussion :

1º Une commission de quatre membres
est déléguée auprès du comité central de
la garde nationale ;

2º Son action y sera individuelle et expressément réservée en ce qui concerne
l'Association internationale des travailleurs
pour la France.

L'assemblée adopte. — Secrétariat. —
GOULLÉ et VARLIN sont nommés secrétaires
pour la France.

LACORD propose une permanence à la
Corderie (ajournée faute d'argent). — Commission dé révision des statuts du conseil
fédéral.

Le travail n'est pas encore terminé. —

La question formera l'*ordre du jour de la prochaine séance.*

La séance est levée à onze heures un quart.

*Le secrétaire,*

Henri Goullé.

# SÉANCE DU 8 MARS

# PROCÈS-VERBAL DE LA SÉANCE DU CONSEIL FÉDÉRAL

## DU 8 MARS 1871.

---

*Président,* **Combault**. — *Assesseur,* **Piau.**

---

### Sont présents :

Cercle d'études, — Couronnes, — Est, — Gobelins, — École de médecine, — Marmites, 1er et 2e groupes, — Doreurs sur bois, — Sociale des écoles, — Hôpital Louis, — Ternes, — Eatignolles, — Récollets, — Faubourg du Temple, — Gare et Bercy, — Vaugirard, — Panthéon, — Poissonnière, — Brantôme, — Montrouge.

---

Lecture du procès-verbal.— Il est adopté.
— Dépôt·de communications.

Combault demande l'urgence sur celle
des Ternes, relative aux canons.

Franquin propose de renvoyer cette question au comité central.

Lévis. La question est plus qu'urgente ;
elle est pressante.

Hamet. Attendons pour cette discussion
les deux groupes qui doivent ce soir se
réunir à nous et passons à l'ordre du jour.

Buisset. J'appuie l'urgence ; peut-être
demain mettra-t-on en demeure les citoyens
de Montmartre de rendre les canons.

Il est adopté à une forte majorité que
cette discussion aura lieu dans la séance
des trois groupes.

Ordre du jour. — Révision des statuts.

FRANKEL. La commission a, pour ainsi dire, achevé son travail, et la discussion pourra commencer dès la prochaine séance ; si Theiz, qui est le rapporteur de la commission, était présent, le dépôt des statuts serait effectué ce soir.

COMBAULT propose, à ce sujet, que le C. F. se réunisse samedi 11 mars. — Adopté.

GOULLÉ annonce, au nom du Cercle d'études, l'état de pénurie dans lequel se trouvent nos amis de Brest, et demande au C. F. d'émettre le vote de leur venir en aide.

FRANQUIN. Il n'est pas besoin de voter, il suffit d'avertir les sections de ce fait et elles souscriront.

LÉVY LAZARE, à propos du manifeste aux Allemands que doit faire l'Internationale, ne voudrait pas que l'on fît encore de la propagande écrite ; le temps de l'action, dit-il, est désormais arrivé.

Combault lève la séance pour la réunion des trois groupes à dix heures.

*Le secrétaire,*

Hamet.

# SÉANCE DU 15 MARS

# SÉANCE DU CONSEIL FÉDÉRAL

## DU 15 Mars 1871.

----

*Président*, **Theiz.** — *Assesseur*, **Frankel.**

----

### Sont présents :

Couronnes, — Popincourt, — Ternes. — Récollets, —
Poissonnière, — Brantôme, — Cercle d'études, —
Est, — Marmites, 3 premiers groupes, — Gobelins,
— Lithographes, — Doreurs sur bois, — Sociale des
écoles, — Batignolles, — Bronziers, — Orfèvres, —
Faubourg du Temple, — Bercy et la Gare, — Panthéon,
Hôpital Louis, — École de médecine, — Strasbourg.

----

## *Communication.*

Goullé communique une lettre du citoyen Gambon, ainsi qu'un avis du citoyen Pyat ; le premier consulte l'*Internationale* sur la conduite à tenir en raison de l'attitude de l'Assemblée nationale.

Frankel. Cette consultation vient, il me semble, un peu tard.

Après discussion :

Theiz propose d'inviter Pyat, Gambon, Malon et Tolain à se présenter parmi nous à la séance de mercredi 22 courant, afin de discuter avec nous la conduite qu'ils ont à tenir [1].

Combault propose d'inviter également Millière, Ranc, Tridon, Rochefort et Langlois.

Les deux propositions sont adoptées.

[1]. Voir *Annexe* nº 1.

Babick fait mention de la part qu'il a prise à la réorganisation de la section du Combat; il a invité cette section à changer de titre.

Avrial est d'avis de reconstituer toutes les sections, afin d'en évincer ceux qui ont fait dévier l'*Internationale* de son but... Il nous faut un programme défini.

Buisset appuie Avrial. Au nom de la section sociale des Écoles, il fait la proposition de mettre à l'ordre du jour des sections : « De la nécessité d'avoir prochainement un congrès de l'*Internationale* à Paris. »

Frankel. Il faudrait d'abord constituer le C. F., puis faire un congrès national.

Buisset insiste sur sa proposition...Deux membres de sa section reviennent de Leipsick ; l'esprit des internationaux y est excellent.

Sa proposition est adoptée.

MACDONEL fait, au nom de la section du faubourg du Temple, la proposition de mettre à l'ordre du jour également dans.les sections la question des loyers.

Après communication des décisions qu'a prises à ce sujet cette section, l'assemblée adopte la proposition à l'unanimité.

PIAU demande à ce que le C. F. lui donne un mandat pour fonder des sections en province, attendu qu'il s'y rend sous peu de jours.

Cette proposition est adoptée.

FRANQUIN demande au C. F. d'être autorisé à avancer 50 francs sur la caisse pour les internationaux de Brest.

Cette proposition, combattue d'abord, est adoptée à l'unanimité.

PINDY communique une lettre du citoyen Gromier demandant audience, pour le lendemain, pour le citoyen Wolf, celui-ci ayant une communication « officieuse à faire de la part de la branche anglaise » [1].

Sont délégués, à cet effet, Franquin, Pindy, Rochat.

FRANKEL, secrétaire correspondant pour l'étranger, communique le résultat des élections en Allemagne et les trouve déplorables : le parti progressiste a eu le dessus ; c'est, au point de vue social, un parti gravement réactionnaire.

COMBAULT cite une lettre, reproduite par *Paris-Journal,* de Karl Marx, interprétée comme un ordre prussien à nous donné ; il faudrait que le C. F. rectifiât.

Divers citoyens mettent en doute l'authenticité de la lettre.

ROCHAT. Ce journal est policier. Si la lettre existe, elle a été communiquée par la po-

1. Voir **Annexe** n° 2.                              6.

lice. Dans les deux cas laissons ce journal
à sa police.

FRANKEL. Si le C. F. m'autorise à le faire,
j'écrirai officiellement au citoyen Marx ; sinon, je lui écrirai personnellement et je
saurai à quoi m'en tenir sur cette inser-
tion.

Il est adopté que le citoyen Frankel est
autorisé à écrire.

Un citoyen propose d'aller s'enquérir aux
bureaux du *Paris-Journal*. Cette proposition est vivement repoussée. Plusieurs
citoyens annoncent la création de nouveaux
journaux révolutionnaires.

BUISSET annonce la réapparition de la
*Marseillaise*.

BERTIN rappelle qu'une commission avait
autrefois été nommée pour organiser dans
un journal une partie détachée de ce jour-

nal et qui serait la partie officielle de l'Internationale.

Hamet était membre de la commission qui s'est adressée à la *Marseillaise* pour cela. Il croit qu'après le *Mot d'ordre*, les rédacteurs du journal précité n'accueilleraient pas favorablement notre proposition.

Theiz. Il faut répandre le plus possible nos communications et les mettre dans plusieurs journaux, mais il faut aussi attendre que nous puissions avoir un organe qui nous appartienne entièrement.

Theiz, rapporteur de la commission des statuts, donne lecture du projet, qui est annexé au présent procès-verbal par décision du C. F.

Buisset demande discussion à quinzaine.

Frankel la veut immédiate.

Theiz objecte la réunion avec les députés.

Dupuis appuie le renvoi à quinzaine, ce qui est adopté à l'unanimité.

La séance est levée à onze heures et demie.

*Le secrétaire,*

Hamet.

N. B. — Le procès-verbal ne sera envoyé qu'au délégué qui s'engagera à le lire dans sa section. Les Marmites l'affichent.

*(Note du secrétaire Hamet.)*

# Rapport de la Commission

CHARGÉE DE LA RÉVISION DES STATUTS

DU

## CONSEIL FÉDÉRAL

---

Art. 1ᵉʳ. Il est établi entre les sections parisiennes de l'Association internationale une fédération ayant pour but de faciliter les relations de toute nature entre les divers groupes de travailleurs.

Cette fédération est représentée par un conseil fédéral.

---

*Organisation des sections.*

Art. 2. Les sections sont organisées à

Paris et dans le département de la Seine, par arrondissement, quartier ou commune.

Art. 3. Toutes les sections, appartenant à un autre arrondissement, quel que soit leur nombre, devront établir des relations entre elles, par une délégation de deux de leurs membres, afin de s'entendre sur tout ce qui se rattache aux intérêts de l'arrondissement.

Art. 4. Chaque section conserve son autonomie dans les questions d'organisation et de réglementation intérieure, pourvu qu'elle se conforme à l'esprit et aux statuts généraux de l'Internationale ; elle conserve également sa liberté d'appréciation sur la solution des questions sociales.

Art. 5. Les sections doivent se réunir au moins une fois par quinzaine, pour coopérer aux travaux de la fédération et pour étudier une des questions sociales auxquelles les travailleurs sont intéressés.

Art. 6. Sont reçus membres de l'Association internationale, après enquête de la
section à laquelle ils ont adhéré, tous les
travailleurs manuels, employés, salariés,
pouvant justifier de leur moralité.

Les sections pourront également admettre dans leur sein, les citoyens qui, sans
exercer une profession manuelle, ont adopté
et défendu les principes de l'Internationale,
mais leur admission devra être ratifiée par
le conseil fédéral.

Art. 7. Tout membre de l'Internationale
voulant fonder une section doit en faire la
déclaration préalable au conseil fédéral, qui
lui donne acte de cet avis.

————

*Constitution du conseil fédéral.*

Art. 8. Le conseil fédéral est composé des
délégués de toutes les sections fédérées.

Le nombre des délégués est réglé comme
il suit :

Une section comprenant 50 membres au
plus est représentée par un délégué; de 51
à 100, par 2 ; de 101 à 300, par 3 ; de 301
à 600, par 4 ; de 601 à 1,000, par 5 ; et de
plus de 1,000, par 6.

Chaque section nommera un nombre égal
de délégués suppléants.

Les délégués de chaque section doivent
être munis d'un mandat signé par le secrétaire et par le trésorier de la section.

Art. 9. Les sections formées hors de Paris, dans le département de la Seine, qui ne
pourront envoyer régulièrement leurs délégués, devront correspondre au moins une
fois par mois avec le secrétaire du consei
fédéral.

Art. 10. Chaque section nomme et change
ses délégués comme il lui convient, elle

n'est tenue qu'à en faire communication au secrétaire des séances du conseil fédéral.

Art. 11. Aux premières séances d'avril et d'octobre, le conseil fédéral nommera son bureau formé de :

Un trésorier, un secrétaire des séances, un secrétaire correspondant pour le département de la Seine, deux correspondants pour les autres départements de la France, et deux correspondants pour l'étranger, dont un sera chargé spécialement de la correspondance avec le conseil général de l'Association internationale.

Les membres du bureau sont constamment révocables par le conseil ; les vacances devront être immédiatement remplies.

Art. 12. Le secrétaire du département de la Seine est chargé de correspondre avec les communes faisant partie de ce départe-

7

ment. Il secondera s'il est nécessaire les autres secrétaires de la France.

Art. 13. Le secrétaire chargé des procès-verbaux des séances doit faire le compte rendu in extenso qui sera autographié et envoyé à chaque section. Il mettra en ordre les correspondances adressées au conseil fédéral.

Art. 14. Les secrétaires chargés de la correspondance avec les autres départements doivent se mettre en rapports permanents avec les sections et conseils fédéraux de ces départements, afin que tous les groupes puissent agir de concert pour défendre les intérêts des travailleurs.

Art. 15. Les secrétaires correspondants pour l'extérieur doivent se mettre en relations directes avec tous les bureaux centraux des autres pays.

Le secrétaire chargé plus spécialement de la corrrespondance avec le conseil général doit lui envoyer tous les mois un rapport sur la situation de l'Internationale dans le département de la Seine.

Art. 16. Tous les secrétaires correspondants tiendront un livre de copie des lettres qu'ils auront envoyées ; ils remettront les lettres reçues au secrétaire des séances.

Art. 17. Le trésorier doit inscrire article par article sur le livre de caisse les recettes et dépenses. Tous les mois il soumettra aux délégués la balance des comptes de la fédération et tous les trois mois il communiquera aux sections un relevé de la comptabilité pendant le trimestre.

Art. 18. Dans le cas où l'un des fonctionnaires cesserait d'être délégué par la section dont il fait partie, le conseil fédéral se réserve le droit de le maintenir dans sa fonction jusqu'au terme fixé par le règlement, mais il ne peut lui accorder voix délibérative dans les séances.

*Attributions du conseil fédéral, rap-
ports du conseil avec les sections fédérées.*

Art. 19. Le conseil fédéral est seul fondé
de pouvoirs pour représenter les sections
parisiennes de l'Association internationale
des travailleurs.

Il discute les propositions qui lui sont
adressées, décide sur celles qui ont un caractère purement administratif et soumet
toutes les autres à la discussion et au vote
de toutes les sections.

Il prend des informations sur les nouvelles sections, il s'enquiert des motifs qui
déterminent une section à cesser de se faire
représenter dans la fédération et signale la
négligence des délégués.

Il fait des enquêtes sur les sections qui

s'écarteraient du but indiqué par les statuts généraux de l'Internationale.

Art. 20. Conformément à la résolution 6
de Bâle, le conseil fédéral peut refuser l'affiliation d'une section ou l'expulser de son
sein, sans toutefois pouvoir la priver de son
caractère d'internationalité, le conseil général ayant seul le droit d'en prononcer la
suspension, le congrès la suppression.

Art. 21. Le conseil fédéral n'a droit de
prononcer d'exclusion, de prendre de résolution, de formuler un programme, un exposé de principes, au nom des sections parisiennes, qu'après avoir consulté la majorité
émise par avis donné dans toutes les sections, c'est-à-dire après les avoir toutes con-
sultées.

Le vote est acquis à la majorité absolue
des voix comptées pour chaque section suivant le nombre de délégués qui la représen-
tent.

Art. 22. Les sections ne sont responsables des résolutions adoptées par le conseil fédéral qu'autant qu'elles y ont adhéré par leurs suffrages. Toute résolution rendue publique devra relater le nombre et le titre des sections qui l'ont adoptée.

Art. 23. Toute section, avant de publier quelque résolution, manifeste, programme, etc., etc., doit en faire communication au conseil fédéral. Dans le cas où la résolution ne serait pas prise en considération, si la section persiste à la rendre publique, elle est tenue de mentionner son caractère purement individuel et de dégager la responsabilité des autres sections contractantes.

Art. 24. Tous les deux mois une question sociale sera mise à l'étude dans les sections, et les rapports des discussions, suivis des conclusions adoptées par chacune d'elles, seront remis au conseil fédéral, qui devra leur donner la plus grande publicité possible.

Art. 25. Le conseil fédéral devra s'occuper activement de la création d'un journal destiné à la propagation des idées de l'Internationale. La rédaction de ce journal serait placée sous sa surveillance, et les rédacteurs devraient être révocables. Ce journal devrait être envoyé aux fédérations des départements et de l'étranger ; chaque section parisienne s'engagerait à en acquérir un exemplaire au moins.

Art. 26. Le conseil fédéral travaillera en outre à une propagande active dans les départements en faveur des principes de l'Internationale. A cet effet il pourra envoyer des délégués avec un mandat spécial.

Art. 27. Le conseil fédéral prêtera son concours, s'il est nécessaire, à la chambre fédérale des sociétés ouvrières pour créer des sociétés dans toutes les corporations. Les membres de l'Association sont invités à faciliter ce concours en se rattachant aux sociétés ouvrières de leurs professions, ou

en contribuant à la création de nouvelles
sociétés dans le cas où celles qui existent
refuseraient d'adhérer à l'Internationale.

Art. 28. La fédération des sections parisiennes se fera représenter chaque année
par un ou plusieurs délégués dans les congrès généraux de l'Association internationale.

Art. 29. Le conseil fédéral dispose pour
ses diverses dépenses du budget suivant :

L'un des délégués de la section doit verser à la première assemblée du mois la
somme calculée entre les mains du trésorier.

Après un mois de retard la suspension
de la section est de droit : ses délégués n'ont
plus voix au conseil fédéral : après trois
mois la radiation est prononcée.

Le conseil fédéral peut, avec motifs à

l'appui, voter des dépenses supérieures à
son budget et indiquer la part proportion-
nelle de chaque section ; mais, dans ce cas,
les sections qui ont voté les dépenses sont
seules responsables, pour les autres la con-
tribution reste purement facultative.

Art. 30. Tous les mois le conseil fédéral
fera publier la liste des sections adhérentes,
suivant l'ordre des arrondissements, dans
le compte rendu autographié et par la voie
de la presse.

Art. 31. Toute section voulant faire partie
de la fédération parisienne doit déposer
deux exemplaires de ses statuts et de son
règlement particulier, dont l'un est destiné
au conseil général. (Règlement général,
art. 14.)

Art. 32. Conformément à la résolution 5
de Bâle, le conseil général, avant d'admettre ou de refuser l'affiliation d'une nou-

7.

velle section formée à Paris, doit consulter
la fédération parisienne.

*Réunions du conseil fédéral. Assemblées
générales.*

Art. 33. Le conseil fédéral tient ses
séances ordinaires tous les mércredis à
huit heures du soir.

Art. 34. Les convocations pour les séances
extraordinaires devront être signées par le
secrétaire des séances et par un des secrétaires correspondants.

Dans le cas où une réunion du conseil
fédéral et de la chambre fédérale des sociétés ouvrières sèrait jugée nécessaire, la
signature du secrétaire correspondant devrait être remplacée par celle de l'un des

délégués du conseil auprès de ladite chambre.

Nulle convocation ne sera valable sans cette formalité.

Art. 35. En cas d'urgence, le conseil fédéral, réuni sans convocation, ne pourra prendre de résolutions qu'autant qu'il y a majorité des sections parisiennes fédérées. Les membres des sections étrangères de passage à Paris et les adhérents des sections peuvent assister aux séances.

Art. 36. Tous les trois mois les sections se réuniront en assemblée générale pour resserrer les liens de solidarité entre elles et pour déterminer la ligne de conduite de la fédération et discuter la gestion du conseil.

## Rapports du conseil fédéral avec les sociétés ouvrières.

Art. 37. L'Association internationale étant représentée à Paris par les sections d'arrondissement et par les sociétés ouvrières, celles de ces dernières qui ont adhéré à l'Internationale auront à nommer un délégué chargé de les représenter au conseil fédéral et de s'entendre avec les secrétaires pour les correspondances internationales.

Art. 38. Pour assurer une unité d'action nécessaire aux intérêts des travailleurs, le conseil fédéral recevra dans ses réunions trois délégués de la chambre fédérale des sociétés ouvrières.

Réciproquement il déléguera trois de ses membres pour le représenter au sein de la chambre fédérale.

*Révision des statuts.*

Art. 39. Les statuts pourront être revisés par le conseil fédéral sur la demande de un ou plusieurs groupes, communiquée au moins un mois à l'avance à toutes les sections fédérées.

La révision devra être acceptée par la majorité des groupes des arrondissements représentés et par la majorité des délégués de toutes les sections affiliées, en comptant les voix proportionnellement au nombre de leurs adhérents.

Pour la commission :

*Le rapporteur*,

THEIZ.

Le présent règlement est à l'ordre du jour du 29 mars 1871.

Pour copie conforme et comme annexe au procès-verbal de la séance du 15 mars :

*Le secrétaire*,

HAMET.

Par décision du conseil fédéral prise en la séance du 15 mars le présent projet est soumis à l'étude des sections, qui modifieront, s'il y a lieu, les articles ci-dessus.

Les délégués devront apporter les décisions de leurs sections sur ces articles et déposer leurs amendements à la prochaine séance du conseil fédéral.

*Le secrétaire*,

HAMET.

# SÉANCE DU 22 MARS

# PROCÈS-VERBAL DE LA SÉANCE DU CONSEIL FÉDÉRAL
## DU 22 MARS 1871.

---

*Président,* **Rouveyrolles.** — *Assesseur,* **Goullé.**

---

**Sont présents :**

Couronnes, — Hôpital Louis, — Brantôme, — Cercle d'é-
tudes, — Gobelins, — Marbriers, — Orfévres, — Bercy
et la Gare, — Château-Rouge et Batignolles.

---

Lecture des deux derniers procès-verbaux. Ils sont adoptés.

PIAU n'a pas cru devoir envoyer à Brest

les 50 francs votés, en raison des derniers
événements.

Goullé a vu le citoyen Pyat, celui-ci
s'est empressé d'accéder à notre demande
et il assistera à notre séance.

Malon émet les doutes les plus anxieux
sur le résultat d'une conciliation entre les
municipalités et le comité central, ainsi que
sur la réussite des élections à la Commune.
Il craint qu'on ne puisse éviter un conflit
sanglant.

Goullé. L'Internationale n'a qu'un membre dans le comité : Varlin; donc elle est
dégagée de toute responsabilité.

Jacquemin. Il faut savoir si le comité ne
compromet pas la république.

Goullé. Je propose d'insérer dans les
journaux une convocation du conseil fédéral invitant les sections et les sociétés ouvrières à se représenter demain 23 à 8 heures
du soir. — Adopté.

SPOETLER. Il serait bon que dans la séance de demain on fît appel aux sections, et aux sociétés ouvrières et que, par décision de ces groupes, on invitât le comité à déposer ses pouvoirs entre les mains des municipalités.

ROUVEYROLLES. Si le comité avait à déposer ses pouvoirs, ce serait entre les mains du peuple armé, attendu qu'il émane de lui, et il inviterait celui-ci à pourvoir à son remplacement immédiat.

La question réservée est mise à l'ordre du jour du lendemain.

La séance est levée à onze heures et quart.

*Le secrétaire de la séance,*

DUPUIS.

# SÉANCE DU 23 MARS

# INTERNATIONALE ET CHAMBRE FÉDÉRALE

---

## SÉANCE DU 23 MARS 1871.

---

*Président,* **Theiz.** — *Assesseur,* **Rouveyrolles.**

---

**Sont présents :**

Couronnes, — Hôpital Louis, — Doreurs sur bois, — Gobelins, — Sociale des écoles, — Brantôme, — Cercle
d'études, — Marbriers, — Orfévres, — La Gare et Bercy, — Château-Rouge, — Batignolles, — Est, —
Marmite, 2ᵉ groupe, — Bronziers, — Mécaniciens, —
Céramique, — Faubourg du Temple, — École de Médecine, — Menuisiers en bâtiments, — Panthéon, —
Peintres en bâtiments (production), — Menuisiers en

siéges. — Tapissiers, — Taillandiers, — Ébénistes, — Tailleurs (chambre syndicale), — Marmite, 3ᵉ groupe, — Cuisiniers, — Tisseurs en tous genres, — Cordonniers.

—————

Bertin. Nous devons ce soir nous préoccuper des élections communales.

Frankel. Le conseil municipal n'est autre chose que le conseil de surveillance dans une association. Cette assimilation est tellement complète qu'en ce moment la question pour tous n'est plus politique, elle est sociale. Je suis d'avis de faire un manifeste dans lequel nous inviterions les nôtres à voter la Commune.

Buisset veut que l'Internationale prenne une part active au vote; il n'est pas partisan d'un manifeste.

Bertin. Il faut demander à nos candidats

un mandat impératif et une démission par avance.

ROUVEYROLLES. On a mis nombre de choses sur le dos de l'Internationale. Si l'on faisait un manifeste, il serait essentiel de la dégager de ces choses-là.

HAMET. Quelle part, comme activité, l'Internationale peut prendre dans les élections, doit être là la seule question.

FRANKEL. Faisons un manifeste, nous renforcerons le comité central de toute notre force morale.

DUCHÊNE. Sous l'empire l'Internationale affirmait fort ses principes, peut-elle être muette sous la république ?

MINET. Soyons prudents, ce n'est point nos personnes qui sont en jeu, c'est l'institution et l'organisation de l'Internationale ; celle-ci a nommé officiellement trois délégués pour agir avec le comité central.

8

Theiz veut disculper l'Internationale de ce fait. Le mandat donné aux quatre délégués était d'aller faire enquête à ce comité; si les délégués ont dépassé leur mandat, ils peuvent avoir bien fait; mais nous ne saurions être responsables de cela.

Rouveyrolles ne voudrait pas que l'on fasse en sorte de froisser telle ou telle idée. — Nous sommes tous d'accord sur l'action, mais nous pouvons avoir en tant que responsabilité différentes idées.

Frankel répète que la question est purement sociale. — Est-ce sous la république que l'Internationale voudrait nier son but et son passé? Je vote pour un manifeste.

Boudet. Apportons tout notre concours à la république, quand elle devient sociale.

Hevette. Il faut que l'Internationale ait aujourd'hui une responsabilité militante.

Spoetler. L'Internationale, plus idéa-

liste que réaliste, voit toutes choses et fait
beaucoup de propagande ; je suis pour un
manifeste, mais je m'opposerais à ce que
l'on jetât à plein corps les sociétés ouvrières dans ce mouvement. Hier était émis un
avis de faire l'Internationale médiatrice ;
après les nominations d'aujourd'hui, l'i-
déalisme ne nous est plus permis.

HAMET. La question de compromission
ou de responsabilité nous met tous d'accord ; seule la question d'opportunité, mise
en jeu, nous divise ; notre parti est pris ;
votons immédiatement. Je demande la clôture de la discussion.

BUISSET votera contre la clôture. — Nous
n'avons pas discuté jusqu'à quel point nous
pouvions engager la responsabilité de l'Internationale sans avoir consulté nos sections.

La clôture est prononcée. La question
d'opportunité mise aux voix est adoptée à
l'unanimité moins sept voix.

BERTIN. Dans ce manifeste nous pouvons ne nous occuper que de la Commune.

MINET. Si nous nous occupions du comité central dans notre manifeste, nous aurions à endosser le prétendu gaspillage qu'accuserait la réaction, si nous avions un échec.

THEIZ n'a pas été partisan du manifeste parce que les délégués ne sont que les porte-paroles de leurs sections, mais comme citoyen il est pour une déclaration de principes dans laquelle nous dirions que nous voulons l'organisation de la Commune, autrement qu'on l'entend à Versailles. Il est difficile de pouvoir élaborer un manifeste ce soir, le temps nous manque.

FRANKEL. Nous n'avons pas besoin de faire un volume, faisons quelques lignes pour assurer le succès des élections en invitant les nôtres à voter.

HAMET. Nommons une commission, ce soir, chargée d'élaborer ce manifeste, que nous signerons comme délégués de sections, mais non au nom de nos sections. Les sections non représentées adhéreront au manifeste.

SPOETLER voudrait que l'on fît une liste de fusion et que cette liste figurât à la suite du manifeste. Sa proposition est rejetée. Il est adopté que la rédaction du manifeste sera faite ce soir et qu'il sera voté dans la séance. Sont nommés membres de la commission : Frankel, Theiz, Demay.

La commission se retire et, sur la proposition du citoyen Frankel, la séance change de forme à onze heures et quart.

Communication Hecklé et Véry. Adhésion à l'Internationale des tapissiers et des coupeurs pour chaussures. Ces sections prendront le nom de leur corporation.

*Le secrétaire,*

HAMET.

# SÉANCES DES 23-24 MARS

# SÉANCES DU CONSEIL FÉDÉRAL

## des Sections Parisiennes

---

## PROCÈS-VERBAL DE LA SÉANCE TENUE DANS LA NUIT DES 23-24 MARS 1871.

---

Est représentée : LA FÉDÉRATION ROUENNAISE

---

*Présid.*, **Spoetler.** — *Assess.*, **Rouveyrolles, Aubry.**

---

Relativement à l'adhésion des coupeurs pour chaussures et des tapissiers, le citoyen Nostag fait remarquer qu'aucune mesure n'a été prise à l'égard de la section, et ne sait encore si elle est affiliée à la fédération.

GOULLÉ. Il suffit de nommer deux membres qui feront une enquête à ce sujet.

HAMET. Il est inutile de nommer de nouveaux membres; il existe une commission chargée de vérifier les statuts des sections et d'assurer leurs rapports avec le conseil fédéral, c'est à cette commission à faire le travail.

GOULLÉ. Nous pourrions profiter de la présence parmi nous du citoyen Aubry pour discuter l'état social actuel de la province.

NOSTAG. Il faudrait que nous puissions rapporter dans nos sections des nouvelles vraies du mouvement en province.

AUBRY. Rouen est indécis : il s'étonne de ne point trouver une liaison intime entre la fédération ouvrière et le comité central; cependant la révolution du 18 mars est toute sociale, et les journaux dans toute la France citent l'Internationale comme ayant pris le pouvoir; nous savons qu'il en est différemment. Je crois que l'on coordonnerait le mouvement en invitant le comité central à adhérer à l'Internationale.

GOULLÉ. Il y a peu de chose à attendre actuellement de la province.

HAMET. La province n'est que ce qu'est le pouvoir existant. L'Assemblée nationale, nommée pour faire la paix, ne représente pas le sentiment de la province.

ROCHAT. Je demande au citoyen Goullé, qui assistait à la séance de mercredi et qui a pu interroger Malon, pourquoi celui-ci a-t-il signé l'affiche des députés?

GOULLÉ fait un discours, très-écouté, sur les événements actuels, lesquels, dit-il, peuvent tourner à notre avantage; mais il y a peu à attendre de la province, ce qui a dû décourager Malon. Pour citer un exemple:

les derniers événements de Roubaix où une
masse ouvrière est sommée par sa munici-
palité et au nom de l'honnêteté de rentrer à
l'atelier à des conditions inférieures à celles
qui lui étaient faites avant la guerre, et il y
a dans le département du Nord sept cent
mille ouvriers qui demain, se ralliant à cette
injonction, seront écrasés sous cette dicta-
ture municipale.

AUBRY. J'en dirai autant de la Seine-
Inférieure où 250,000 ouvriers sont dans le
même cas.

ROCHAT répète sa question.

La commission rentre en séance et lit le
projet de manifeste suivant :

# ASSOCIATION INTERNATIONALE
## DES TRAVAILLEURS

---

*Association internationale des travailleurs. Conseil fédéral des sections parisiennes.*

---

Travailleurs,

Une longue suite de revers, une catastrophe qui semble devoir entraîner la ruine complète de notre pays, tel est le bilan de la situation créée à la France par les gouvernements qui l'ont dominée.

Avons-nous perdu les qualités nécessaires pour nous relever de cet abaisse-

9

ment? Sommes-nous dégénérés au point de
subir avec résignation le despotisme hypo-
crite de ceux qui nous ont livrés à l'étranger,
et de ne retrouver d'énergie que pour rendre
notre ruine immédiate par la guerre civile?

Les derniers événements ont démontré la
force du peuple de Paris; nous sommes
convaincus qu'une entente fraternelle dé-
montrera bientôt sa sagesse.

Le principe d'autorité est désormais im-
puissant pour rétablir l'ordre dans la rue,
pour faire renaître le travail dans l'atelier,
et cette impuissance est sa négation.

L'insolidarité des intérêts a créé la ruine
générale, engendré la guerre sociale; « c'est
à la liberté, à l'égalité, à la solidarité, qu'il

faut demander d'assurer l'ordre sur de nouvelles bases, de réorganiser le travail qui
est sa condition première. »

Travailleurs,

La révolution communale affirme ces
principes, elle écarte toute cause de conflit
dans l'avenir. Hésiterez-vous à lui donner
votre sanction définitive?

L'indépendance de la commune est le
gage d'un contrat dont les clauses librement
débattues feront cesser l'antagonisme des
classes et assureront l'égalité sociale.

**Nous** avons revendiqué l'émancipation

des travailleurs, et la délégation communale
en est la garantie, car elle doit fournir à
chaque citoyen les moyens de défendre ses
droits, de contrôler d'une manière efficace
les actes de ses mandataires chargés de la
gestion de ses intérêts, et de déterminer
l'application progressive des réformes sociales.

L'autonomie de chaque commune enlève
tout caractère oppressif à ses revendications et affirme la République dans sa plus
haute expression.

Travailleurs,

Nous avons combattu, nous avons appris
à souffrir pour notre principe égalitaire, nous

ne saurions reculer alors que nous pouvons aider à mettre la première pierre de l'édifice social.

Qu'avons-nous demandé?

L'organisation du crédit, de l'échange, de l'association, afin d'assurer au travailleur la valeur intégrale de son travail.

L'instruction gratuite, laïque et intégrale :

Le droit de réunion et d'association, la liberté absolue de la presse, celle du citoyen ;

L'organisation au point de vue municipal des services de police, de force armée, d'hygiène, de statistique, etc.

Nous avons été dupes de nos gouvernants, nous nous sommes laissés prendre à leur jeu, alors qu'ils caressaient et réprimaient tour à tour les factions dont l'antagonisme assurait leur existence.

Aujourd'hui le peuple de Paris est clair-
voyant, il se refuse à ce rôle d'enfant dirigé
par le précepteur, et dans les élections mu-
nicipales, produit d'un mouvement dont il
est lui-même l'auteur, il se rappellera que le
principe qui préside à l'organisation d'un
groupe, d'une association, est le même qui
doit gouverner la société entière, et comme
il rejetterait tout administrateur, président
imposé par un pouvoir en dehors de son
sein, il repoussera tout maire, tout préfet
imposé par un gouvernement étranger à ses
aspirations.

Il affirmera son droit supérieur au vote
d'une Assemblée de rester maître dans sa
ville, et de constituer comme il lui convient
sa représentation municipale, sans préten-
dre l'imposer aux autres.

Dimanche, 26 mars, nous en sommes

convaincus, le peuple de Paris tiendra à honneur de voter pour la Commune.

*Les délégués présents à la séance de nuit du 23 mars 1871.*

**Pour le conseil fédéral des sections parisiennes de l'Association internationale,**

E. AUBRY (*Fedération Rouennaise*).
BOUDET.
CHAUDESAIGUES.
COIFFÉ.
V. DEMAY.
A. DUCHÊNE.
DUPUIS.
LÉO FRANKEL.
HENRI GOULLÉ.
LAUREAU.
LIMOUSIN.
MARTIN LÉON.
NOSTAG [1].
CH. ROCHAT.

1. **Nostag,** dont le véritable nom est Jules *Ruffier,* rédigea plus tard *la Révolution politique et sociale,* organe de la section de la Gare d'Ivry et Bercy réunies.

**Pour la Chambre fédérale des sociétés ouvrières.**

CAMELINAT.

DESCAMPS.

EVETTE.

GALAND.

HAAN.

HAMET.

JANCE.

J. LALLEMAND.

LAZARE LÉVY.

PINDY.

EUGENE POTTIER.

ROUVEYROLLES.

A. THEIZ.

VERY.

Sur la proposition de Rochat et Frankel, il est décidé que ce manifeste[1] sera publié par voie d'affichage dans les vingt arrondissements et chaque section devra verser dix francs pour couvrir ces frais. Adopté à l'unanimité.

La séance est levée à 2 heures du matin.

*Le secrétaire,*

HAMET.

1. Ce manifeste, tiré sur papier rouge, fut adressé à toutes les sections de la province. On le retrouve reproduit dans le *Journal officiel* du 27 mars, *la Commune* du 28 mars, l'*Émancipation de Toulouse*, du même jour, etc., etc.

# SÉANCE DU 29 MARS

# SÉANCE DU MERCREDI 29 MARS 1871

---

*Président,* **Sevin**. — *Assesseur,* **Rouveyrolles**

---

**Sont présents :**

Cercle d'études, — Orfèvres, — Hôpital Louis, — Doreurs sur bois, — Gobelins, — Brantôme, — Marmite, 2ᵉ et 3ᵉ groupes, — Faubourg du Temple, — Panthéon, — Popincourt. — La Gare et Bercy, — Château-Rouge, — Batignolles. — Est, — Ternes, — Relieurs.

---

*Lecture des procès-verbaux des 22 et 23 mars.*

JACQUEMIN. Le procès-verbal me fait de-

mander si le comité ne compromet pas la
République, alors que j'ai seulement demandé jusqu'à quel point l'Internationale
entrait dans le comité.

SPOETLER. Il faut rectifier pour moi également dans le procès-verbal du 22, je n'ai
demandé à ce que l'on envoyât une délégation qu'au cas où une médiation serait nécessaire. De même dans celui du 23 : je n'ai
point demandé que l'on fît une liste de
fusion, mais que l'on appuyât celle des
vingt arrondissements élaborée au comité
qui siége ici.

Les deux procès-verbaux sont adoptés
avec ces rectifications.

ROCHAT. Le citoyen Piazza demande son
admission dans l'Internationale : il serait
nécessaire de nommer une commission
d'enquête à ce sujet, certains faits lui étant
à charge.

BERTIN. On attribue au citoyen Piazza

un rapport à Napoléon III sur la réorganisation de l'armée. Je doute de son socialisme.

La proposition Rochat est adoptée. Sont nommés Frankel, Combault et Rochat.

Goullé demande à ce que des affiches du manifeste soient envoyées à Londres. Adopté.

Bertin. Une des plus graves questions qui doivent nous préoccuper, c'est celle relative à l'ordre social.

Notre révolution est accomplie, laissons le fusil et reprenons l'outil.

Goullé n'est pas absolument de cet avis ; — il faut se tenir sur ses gardes.

Hamet. La garde est facile à établir, le travail l'est moins ; prenons nos outils, au premier coup de tambour nous saurons retrouver notre fusil.

FRANKEL. J'appuie cette idée : nous voulons fonder le droit des travailleurs, et ce droit ne s'établit que par la force morale et la persuasion ; laissons les despotes faire respecter le droit, qu'ils entendent à leur façon, par de la mitraille.

J'ai peu de temps et devrais être à l'hôtel de ville ; si je suis venu, c'est pour proposer la nomination d'une commission qui serait intermédiaire entre la Commune et le conseil fédéral.

Après quelques observations des citoyens Rouveyrolles et Spoetler déclarant qu'il serait urgent de faire la même proposition à la chambre fédérale, et d'autres des citoyens Goullé (Henri), Hamet et Combault sur le nombre de membres, l'assemblée adopte la proposition du citoyen Frankel et fixe à sept le nombre des membres de la commission, à l'unanimité moins cinq voix. Sont nommés : Serrailler, Combault, Bertin, Nostag, Goullé (Henri), Hamet et Léger.

HAMET propose de faire deux réunions par semaine, soit une le dimanche. Adopté.

L'heure de ces séances est en discussion.

COMBAULT. Il faudrait choisir 9 heures du matin : évidemment chacun fera des sacrifices et laissera ses intérêts de famille ; mais il ne faudrait pas trop compter sur le dévouement de chacun, car on s'exposerait à avoir peu de monde aux séances.

9 heures sont adoptées ; trois voix se prononcent pour 3 heures.

ROCHAT. Je répète une question que j'ai faite à la dernière séance. Pourquoi Malon a-t-il fait cause commune avec les maires et les députés contre le comité? il faut qu'il soit entendu ici.

Cette proposition est adoptée : le citoyen Malon sera convoqué pour dimanche.

ROUVEYROLLES insiste pour que la convocation porte : Le citoyen Malon *est tenu* de se présenter, etc. Adopté.

Nostag annonce la création d'un journal ayant pour titre : *La Révolution*, et pour sous-titre *Association internationale des travailleurs, section de Bercy*. Je demande à ce sujet l'avis du C. F.

Après opposition du citoyen Jacquemin quânt au sous-titre, et défense des citoyens Combault et Sevin, le conseil fédéral déclare prendre acte de la déclaration du citoyen Nostag.

*Ordre du jour. — Révision des statuts.*

Hamet. Le rapport imprimé est soumis à la connaissance des sections, il suffit à chacune d'envoyer des amendements, quand toutes les sections auront fait ce travail nous pourrons discuter. — Adopté.

Goullé propose au conseil fédéral de

rentrer dans ses frais d'affichage, attendu qu'une somme a été mise à la disposition des arrondissements comme propagande électorale. Sa proposition est adoptée.

Combault propose de demander au conseil général de Londres de fixer le prochain congrès international à Paris et à la date du 15 mai. (Ce projet avait été déposé déjà par la section sociale des écoles.) Cette proposition, vivement accueillie, est adoptée à l'unanimité.

Rouveyrolles demande une enquête sur une scission électorale qui se serait produite dans le 19ᵉ arrondissement. Cette question est réservée.

La séance est levée à 11 heures et demie.

*Le secrétaire,*

Hamet.

# SÉANCE DU 12 AVRIL

# ASSOCIATION INTERNATIONALE DES TRAVAILLEURS

## Conseil fédéral des sections parisiennes.

### SÉANCE DU 12 AVRIL 1871

A l'unanimité le conseil fédéral adopte la résolution suivante :

« Considérant que le sieur Tolain, nommé
« à l'Assemblée nationale pour représenter
« la classe ouvrière, a déserté sa cause de
« la manière la plus lâche et la plus hon-
« teuse, le Conseil fédéral parisien de l'In-
« ternationale le rejette de son sein, et pro-
« pose au Conseil général de Londres de
« consacrer cette expulsion [1]. »

*Le conseil fédéral.*

1. Voir annexe, n° 5.

# SÉANCE DU 28 AVRIL

## SECTION DE LA GARE D'IVRY ET BERCY RÉUNIES.

SÉANCE DU 28 AVRIL.

Sur la proposition des citoyens Nostag, Chaudesaigue, Artru et autres.

L'assemblée arrête :

*Le groupe des sections de la Gare d'Ivry et Bercy réunies* adopte les enfants du citoyen Jean Simonot, assassiné par les Versaillais.

Un conseil de famille, composé des citoyens Carville, Chollet et Rossignol, est chargé de l'exécution du présent arrêté,

Sur la proposition de divers membres :

10

Considérant que le citoyen PERSICO (Joseph,) membre du groupe, ne s'est pas présenté depuis plus d'un mois aux réunions du groupe ;

Considérant qu'il a pris part officiellement à la lutte électorale relativement aux élections communales dans un sens contraire aux votes émis par les groupes.

Arrête :

Le citoyen Persico (Joseph), professeur de musique, 24, passage Tocanier, est exclu de l'Association internationale (sections de la Gare d'Ivry et de Bercy réunies) ;

Notification du présent arrêté sera faite au conseil fédéral.

*Le secrétaire*,

Jules NOSTAG.

# SÉANCE DU 3 MAI

# PROCÈS-VERBAL DE LA SÉANCE DU CONSEIL FÉDÉRAL

## DU 3 MAI.

------------

*Président,* **Goullé.** — *Assesseur,* **Nostag.**

**Sont présents.**

Gobelins, — Montrouge, — Gare d'Ivry et Bercy, — Grandes Carrières de Montmartre, — Batignolles, — Richard-Lenoir, — Panthéon, — Coupeurs pour chaussures, — Tapissier, — Malesherbes.

Après une discussion à laquelle ont pris part les citoyens Goullé, Hamet, Nostag, Beauchery, Compas, Beauchart, Féron et Bonnafaut, la résolution suivante est adoptée:

10.

Le conseil fédéral de l'Association internationale des travailleurs délègue les citoyens Hamet, Martin, Nostag, Goullé et Compas pour constituer une commission d'initiative chargée de présenter à la discussion et à l'approbation de la Commune le résultat des travaux des sections parisiennes.

La commission aura son siége à l'hôtel de ville, et servira d'intermédiaire entre le conseil fédéral et la Commune.

Les membres de cette commission seront tenus de rendre compte à chaque séance du conseil, du résultat de leur travaux.

Ils seront toujours révocables par le conseil fédéral.

Le conseil fédéral révoque toutes les autres commissions nommées par lui dans le sens précité et agissant en son nom.

*Communication*. — Le conseil fédéral a reçu l'adhésion de deux nouvelles sections.

*Le secrétaire des séances,*

HAMET.

———

# SÉANCE DU 9 MAI

## SECTIONS DES CARRIÈRES, PARIS-MONTMARTRE.

## SÉANCE DU 9 MAI 1871.

La motion suivante a été votée à l'unanimité :

Considérant que la Commune de Paris est
entrée franchement dans la voie des réformes politiques et sociales qui sont indi-
quées en tête de nos statuts ;

La section des Carrières de l'Association internationale des travailleurs émet
le vœu :

Que la Commune de Paris, pour persé-
vérer dans la voie du progrès de l'esprit
humain, décrète :

L'instruction laïque, primaire et professionnelle, obligatoire et gratuite à tous les degrés.

————

# SÉANCE DU 10 MAI

# SÉANCE DU 10 MAI 1871.

*Président,* **Compas.** — *Assesseur,* **Nostag.**

Les deux résolutions suivantes sont votées à l'unanimité :

1° A la commission déjà nommée à la précédente séance, et formée des citoyens Goullé, Nostag, Martin et Compas, il est adjoint les citoyens Armand Lévy et Beauchard.

2° Jusqu'à ce qu'elle soit installée provisoirement et définitivement à l'hôtel de ville, elle tiendra ses séances au ministère des travaux publics, rue Dominique-Germain, 2, tous les jours, à deux heures.

3° Elle est chargée de la rédaction d'un manifeste aux internationaux de province.

Le conseil fédéral a en outre reçu l'annonce de la fondation de deux nouvelles sections.

Sont ésent :

Gobelins. — Poissonnière. — Montrouge. — Château-Rouge. — Stephenson. — Malesherbes. — La Gare et Bercy. — École de médecine. — Grandes Carrières — et Coupeurs pour chaussures.

*Le secrétaire des séances,*

Hamet.

# SÉANCE DU 16 MAI

## SECTIONS DES CARRIÈRES.

---

SÉANCE DU 16 MAI 1871.

---

Dans sa séance du 16 mai 1871, la section des Carrières a adopté la résolution suivante :

La section des Carrières déclare protester énergiquement contre l'article inséré dans *le Rappel* du 22 et conçu en ces termes :

« On nous assure que Piétri et Bazaine,
« en ce moment à Genève, auraient es-
« sayé d'englober l'Internationale suisse
« dans une conspiration bonapartiste.

« Des ouvertures ont été aussi faites
« dans ce sens à l'Internationale de Paris. »

*Le Rappel*, avant d'insérer cette attaque
malveillante, aurait dû se souvenir que l'Association internationale, fondée à Londres
le 26 septembre 1864 pour revendiquer
les droits des travailleurs et assurer leur
émancipation, n'a cessé de lutter coura-
geusement contre l'Empire.

Et l'on sait combien de condamnations
et de persécutions cela lui a valu. Il est
aussi injuste que perfide de laisser croire,
par l'ambiguïté de la rédaction précitée,
que ceux-là mêmes qui ont voté la déclaration du congrès de Bâle, signé les deux
manifestes pendant le siége de Paris et pris
une part active à la révolution du 18 mars,
puissent à un titre quelconque pactiser
avec un parti dynastique pour rétablir
les monopoles et les priviléges qu'ils veulent abolir définitivement.

*Conseil fédéral parisien.*

---

La résolution suivante a été adoptée dans la séance du 17 mai 1871 :

Une réunion extraordinaire du conseil fédéral aura lieu le samedi 20 courant, à une heure précise, pour juger la situation actuelle.

Les membres de la Commune qui font partie de l'Internationale sont convoqués pour cette séance.

Ils auront à y répondre de leur conduite à l'Hôtel-de-Ville, et seront interrogés sur les motifs de la scission qui s'est produite au sein de la Commune.

Les membres adhérents pourront, sur

la présentation de leurs livrets, assister à cette réunion.

Les citoyens Léo Frankel et Serailler, délégués de sections et présents à la séance, ont voté la proposition.

# SÉANCE DU 20 MAI

# CONSEIL FÉDÉRAL DES SECTIONS PARISIENNES.

---

## SÉANCE EXTRAORDINAIRE DU 20 MAI 1871

---

*Présidence de* **Bastelica.**

---

Le conseil fédéral a adopté les résolutions suivantes :

Ouï les explications des citoyens de l'Internationale, membres de la Commune; appréciant la parfaite loyauté des motifs qui ont présidé à leur action, les invite, tout en sauvegardant la cause des travailleurs, à faire tous leurs efforts pour maintenir l'unité de la Commune, si nécessaire au triomphe de la lutte contre le gouvernement de Versailles.

Le conseil fédéral les approuve d'avoir réclamé la publicité de ses séances, la modification de l'article 3 qui institue le comité de salut public, lequel rend impossible tous contrôles sur les actes du pouvoir exécutif, autrement dit de ce comité de salut public et des délégations.

## SONT PRÉSENTS.

Stéphenson, — Gobelins, — Recollets, — École de médecine, — Vaugirard, — Château-Rouge, — Batignolles, — Hôpital Louis, — Popincourt, — Vertbois, — Couronnes, — Ternes, — Montrouge. La Gare et Bercy, — Marmite, 1$^{er}$, 2$^e$ et 3$^e$ groupes, — Céramique, — Grandes Carrières de Montmartre — La Villette, — Richard-Lenoir, — 13$^e$ arrondissement, — Poissonnière, — Acacias, — Cercle des études sociales, — Duval, — Relieurs, — Opticiens, — Faubourg du Temple.

Assistent à la séance : Avrial, Theisz, Serailler, Jacques Durand, Leó Franckel et Ostyn, membres de la Commune.

*Le secrétaire des séances*

HAMET.

# ANNEXE N° 1

Paris, 17 mars 1871.

*Au citoyen Gambon, représentant du peuple*
*à l'Assemblée nationale, à Bordeaux.*

Citoyen Gambon,

Nous avons reçu votre bonne lettre et nous vous en remercions. Le conseil fédéral de l'Association internationale des travailleurs est, comme vous, fort embarrassé de l'obscurité de la situation politique. Que faire ? Que pense le peuple au fond de sa conscience ?

Les délégués ont résolu à l'unanimité qu'il vous serait écrit, ainsi qu'aux citoyens *Félix Pyat, Malon, Tolain, Tridon, Langlois, Ranc, Millière, Rochefort,* amis à divers titres de l'Internationale, pour vous prier, si cela vous est possible, de vous rendre à la séance de mercredi prochain, 22 mars, place de la

Corderie, à 9 heures du soir. Nous serons heureux d'entendre votre parole, de savoir ce que vous croyez pratique de faire, et enfin comment vous jugez les événements actuels.

Les délégués du conseil fédéral vous présentent leurs saluts fraternels.

*Un des secrétaires pour la France,*

Henri GOULLÉ
78, boulevard Sébastopol.

# ANNEXE N° 2

Paris, 15 mars 1871, place de la Corderie.

*Au citoyen Pindy ou, à son défaut, au citoyen
délégué siégeant au nom de l'Internationale.*

Citoyen,

J'ai l'honneur et le plaisir de vous présenter le
citoyen Wolf, de Londres, mon intime ami et mon
ancien chef de l'armée garibaldienne. Le citoyen
Wolf, l'un des fondateurs de l'Internationale à
Londres, désire faire à l'Internationale, branche de
Paris, une commission officieuse de la part de la
branche anglaise.

Salut et fraternité.

M.-A. GROMIER,
2, rue des Martyrs.

# ANNEXE Nº 3.

# PATRIE. — HUMANITÉ.

---

« La Patrie, un mot, une erreur! — l'Humanité, un fait, une vérité!

« Inventée par les prêtres et les rois, comme le mythe dieu, la patrie n'a jamais servi qu'à parquer la bestialité humaine dans des limites étroites, distinctes, où, directement sous la main des maîtres, on la tondait et la saignait pour le plus grand profit de ceux-ci, et au nom de l'immonde fétiche.

« Quand le bois vermoulu du trône craquait et menaçait ruine, le berger ou, pour mieux dire, le boucher, s'entendait avec son cher frère ou cousin du voisinage, et les deux misérables couronnés lançaient l'une contre l'autre les multitu-

des stupides qui, pendant que les maîtres riaient à sa barbe, allaient — meutes
affolées — s'entr'égorger, en criant : Vive
la gloire ! Vive la patrie !

« La saignée faite ! César, qui marquait
les points, arrêtait l'égorgement, embrassait
son très-cher frère l'ennemi, et faisait rentrer au bercail son troupeau décimé, inca-
pâble alors pendant de longs mois de lui
porter ombrage.

« Le tour était joué.  .

« Aujourd'hui c'en est assez ! les peuples
sont frères ; les rois et leurs valets sont
les seuls ennemis.

« Assez de sang, assez d'imbécilité ;
peuples, les patries ne sont plus que des
mots ; la France est morte ! L'humanité
est là.

« Soyons hommes et prouvons-le !

« L'utopie d'Anarcharsis Clootz devient
vérité. La nationalité — erreur — résultat de la naissance, — est un mal, détrui-
sons-le.  .

Naître ici ou là, seul fait du hasard, des

circonstances, change notre nationalité, nous fait amis ou ennemis ; répudions cette loterie stupide, farce dont nous avons toujours été jusqu'ici les dindons.

« Que la patrie ne soit plus qu'un vain mot, — une classification administrative sans valeur ; — notre pays est partout, où l'on vit libre, où l'on travaille.

« Peuples, travailleurs, la lumière se fait, que notre aveuglement cesse, sus aux despotes, plus de tyrans.

« La France est morte, vive l'humanité !

« Jules NOSTAG. »

(Extrait de la *Révolution politique et sociale*, numéro du 16 avril 1871.)

# ANNEXE N° 4.

# A LA COMMUNE.

---

« La Commune de Paris est aujourd'hui
le seul phare lumineux qui indique aux
prolétaires leur voie.

« Votre œuvre est sacrée, entendez-vous,
représentants des opprimés, des déshé-
rités, en un mot, de tout ce qui souffre à
Paris depuis qu'il existe.

« Vous devez nous sauver ! En dehors de
vous, nous n'avons plus d'espérance.

« En avant donc ! le cœur haut, la main
ferme ! en avant ! Broyez l'ennemi, marchez
sur tout ce qui barre la route du peuple.
Ne tournez pas la tête avant d'être au but.
Sang, hurlements, faiblesses, que tout cela
n'existe pas pour vous. Le peuple ne vous

demande pas de comptes : tout ce qui n'est pas nous n'existe pas au monde.

« Marchez sur votre chemin avec une conviction froide, implacable ; détruisez le passé, hommes et choses ; tous les moyens sont bons. Agissez donc, on bavardera après.

« Votre droit, votre vertu, c'est votre but, et votre devoir le succès !

« Il s'agit de vivre ou de mourir, on veut tuer le peuple, et le peuple veut vivre.

« Nous n'en sommes plus à méditer les philosophes et les savants ; tous ces gens-là sont bêtes et radotent quand le canon parle.

« Tous les Français sont couverts du sang de Français ; aujourd'hui, les assassins sont ceux qui refusent le combat.

« Les plus humains sont ceux qui tuent le plus d'ennemis.

« Ce n'est plus la guerre stupide contre un étranger qu'on ne connaît ni d'Ève ni d'Adam : c'est le passé qui veut tuer l'aveni ; on veut assassiner les pauvres, les pauvres veulent vivre.

« Écoutez, représentants de Paris, voici le verdict du peuple :

« La seule force de la réaction dans tous les temps, ce fut la garantie de l'impunité; quand elle nous tient, elle nous assassine ; quelques-uns en public et le reste en secret, *et c'est la masse* ; le lendemain, elle dit que ce n'est pas vrai, et sa police arrangeant la chose, les victimes deviennent les meurtriers : le monde entier le croit.

« Que la colère accomplisse son œuvre ; elle seule a conquis dans le passé, elle seule a fondé quelque chose depuis le commencement des sociétés.

« Dresse-toi fière et vengeresse, Commune de Paris! tu présides à la guerre sainte! tu sauveras l'humanité!

« Henri GOULLÉ. »

(Extrait de la *Révolution politique et sociale,* organe des sections de la Gare d'Yvry et Bercy réunies. — Numéro du 23 avril 1871.)

# ANNEXE Nº 5.

# TOLAIN, LANGLOIS ET VERSAILLES.

« Nous avons vu la bourgeoisie alle-
mande et la bourgeoisie française acclamer
leurs monarques au 12 juillet dernier, lors
de la déclaration de guerre.

« Elles espéraient en ruant l'un sur l'autre
ces deux prolétariats, les plus vivaces et les
plus intelligents, les écraser dans une hé-
catombe humaine, puis les diviser par le
réveil des haines internationales.

« Cela fait, elles avaient cinquante ans à
dormir tranquilles, assurées du maintien de
leurs priviléges, de la croissance de leur
suprématie.

« Le calcul a manqué ; il était assurément
habile, mais la bourgeoisie émasculée par
ses mœurs, les mollesses du luxe, surtout

par ses journaux, n'avait plus l'énergie nécessaire pour conduire son œuvre au milieu
de l'imprévu qui ne pouvait manquer de
surgir. .

'« Aujourd'hui la voici à Versailles, pros-
ternée devant ceux qu'elle adore comme ses
dieux protecteurs : les Thiers, les Favre, les
·Picard.

« Elle se dit au fond de sa conscience que
Thiers est un homme habile ; elle compte sur
la division dans notre camp ; elle a gagné
Langlois, et un *renégat*, Tolain...

« Ce Tolain, soi-disant socialiste, auquel
elle croit une grande position auprès du conseil général de Londres.

« Nous qui n'entendons rien aux finesses
politiques de Thiers, nous comprenons qu'on
espère en Tolain comme en un puissant
élément de discorde, destiné à égarer les
prolétaires dans un socialisme césarien dont
il serait le chef...

« Chef à la dévotion et sans cesse dans
la main de la bourgeoisie. Il est vrai que la
bourgeoisie ignore que nous ne reconnais-

sons aucun chef et que notre seule force consiste à n'en avoir jamais eu.

« Ni Tolain, ni Langlois, pas plus qu'Hugelmann, ne réussiront à faire du socialisme césarien.

« Le peuple a soif de probité, de dévouement, d'honneur éclatant. Le feu de sa colère ne s'éteint jamais dans son âme.

« Il s'attache inextinguible à ces nobles sentiments pendant les périodes de calme.

« Il juge sans malice, mais il juge sainement.

« Tolain et Langlois, courtisans de la classe riche, ont renié la classe pauvre !

« L'arrêt est prononcé, nous ne les connaissons plus. Sous l'empire nous crûmes à de la faiblesse. Aujourd'hui, nous les voyons à Versailles acceptant, en appointements, le prix de notre sang.

« Le conseil général de Londres aura à prononcer sur Tolain, pour les autres branches, dans les deux mondes, il jugera souverainement en ce cas, ainsi qu'il appartient.

Henri GOULLÉ. »

(*Révolution politique et sociale. — Numéro du 16 avril* 1871.)

.   .   .   .   .   .

.   .   .   .   .   .   .   .   .

« Rejeté de tous les partis, voilà la situation politique de M. Tolain à l'heure qu'il est.

« C'est lui qui l'a voulu ; il s'est suicidé de ses propres mains, et n'a même pas le droit de se plaindre.

« La destinée punit sévèrement un grand coupable.

« Ouvrier renégat de sa classe, il a fui le devoir. Nous l'avions envoyé à la Chambre pour revendiquer les droits des travailleurs.

« En se développant, l'œuvre de la bourgeoisie de 1789 a réduit la classe ouvrière

à l'état de chair *broyée* dans les engre-
nages de la machine sociale; il n'existe pas
une loi, pas un fait où elle n'en ait laissé
un lambeau. Nous sommes réduits à un
degré de misère, inconnu jusqu'ici dans
l'histoire universelle. Voilà ce que Tolain
avait mission de dénoncer au monde entier
du haut de la tribune française.

« Il avait le droit de se dire le seul représentant du peuple depuis que Malon s'é-
tait retiré...

« Désertant son poste, fuyant son devoir
d'*international*, abandonnant la cause des
travailleurs, il en est venu à se vendre aux
riches, qui, à leur tour, le repoussent. »

(*Révolution politique et sociale*, numéro *du* 8 mai 1871.)

# ANNEXE N° 6.

# DEBOUT, FRANCE!

---

« Allons, c'en est assez ! Il faut en finir !

« Ces drôles n'ont même plus la pudeur de sauvegarder les apparences.

« Versailles, qui n'était plus qu'un immense lupanar, où toutes les filles chassées de Paris traînaient leur honte de Prussiens en royalistes ; où l'orgie, la débauche s'étalaient impudemment ; où les immondices des basses-cours passées : les Thiers, les Dufaure, les Favre, les Simon, les Picard et autres coquins ripaillaient avec ton argent, France ! Versailles devient plus que Coblentz, Versailles singe Cayenne.

« Le bagne a lâché sa proie ! L'empire a vomi ses séides, les Canrobert, les Mac-Mahon, les Gallifet, les Devienne ; pardon, peuple ! ces ruffians sont revenus ; ils bai-

13.

sent en ricanant le cabotin Thiers, et l'on voit dans un coin l'argousin Cassagnac pleurer dans le gilet de Simon.

« Allons, c'est l'empire ! c'est l'empire avec toutes ses hontes, son cortége d'es-crocs, de voleurs, d'assassins, de proxé-nètes ; c'est l'empire, fumier et sang, c'est l'empire qui revient !

« Comprendras-tu, enfin, France ?

\*\.

« Et tandis qu'à Paris tout est calme et tranquille ; tandis que la femme s'en va par le soleil de printemps promener ses enfants sur les boulevards ; que ne souillent plus les filles et leurs souteneurs patentés, et que l'homme, là-bas dans les tranchées, derrière la barricade, guette, le doigt sur la détente, le profil d'un Corse ; tu attends, peuple ; tu attends, province ; tu attends !

\:.

« France ! ta liberté se joue en ce mo-

ment. Cet homme, ce pionnier obscur qui va
tout à l'heure tomber peut-être sous la balle
du Versaillais, combat pour toi, pour ton
salut, pour ton indépendance.

« Paris, enfant prodigue, te jette son
sang à flots pour te sauver.

« Tu l'accusas toujours de te dicter des
lois, de te ravir ton droit d'initiative ; tu
n'eus pour lui, malgré sa défense héroïque
contre la Prusse, que reproches, injures et
calomnies.

« Tu lui en voulus toujours de t'avoir,
en 1848, donné le signal de la délivrance,
à lui qui t'avait presque pardonné les vingt
ans de honte impériale !

« Et tu laisses aujourd'hui · Versailles
bombarder Paris !

« Allons, debout, France ! Lyon, Marseille, Toulouse , Lille, Bordeaux , vous
l'intelligence, le travail, la richesse, la vraie
celle-là, debout ! c'est assez de honte, de
misère, d'abaissement !

« Debout, debout tous, vous à qui il reste
encore une étincelle au cœur, la foi, l'es-

poir, la confiance en l'idée. Debout, et,
sous votre mépris, écrasez ce charnier,
Montfaucon hideux où depuis Vinoy le dé-
cembriseur jusqu'à d'Aumale le grotesque,
tout ce qui a de la boue au front, du sang
aux doigts, de la haine au cœur, fourmille
et attend l'heure.

« Ils y sont tous, tous ! Il n'en manque
pas un !

« L'occasion est unique ; la laisserez-vous
échapper ?

« Non !

« Toulouse est en armes, Lyon a son drapeau rouge, et Marseille, malgré l'assassin
Espivent, s'agite encore sous le couteau
du boucher.
« La Révolution a déchiré la nuée et ré-
veillé ces endormies.

» Lazares, sortez de vos sépulcres, l'heure a sonné !

« France, debout !

« Jules Nostag. »

(*Révolution politique et sociale*, unméro *du* 31 avril 1871.)

———

# ANNEXE N° 7.

# L'AUBE.

———

« Le vieux monde s'écroule. La nuit profonde qui recouvrait la terre déchire son linceul. L'aube apparaît.

« Salut, liberté ! Salut, révolution bénie !

« Le prolétaire, esclave du monde antique, serf d'avant 89, — trois mots différents, termes équivalents, — le prolétaire redresse son corps brisé par le travail.

« Martyr du salariat, cesse de souffrir, tu vas vaincre.

« Tu vas vaincre, si tu le veux, et ton triomphe, arrosé de ton sang, sera celui de tes frères du monde entier, qui te regardent.

« O travailleur sublime, bête de somme hier, héros aujourd'hui, tu comprends donc

enfin que tu es le nombre, c'est-à-dire la
force, le droit, la justice. Tu t'aperçois donc
enfin que ton émancipation ne peut être
l'œuvre que de toi-même ; qu'en un mot,
que ton sauveur, c'est toi ; ton Christ, c'est
toi !

« Aveugle, tu ne nies plus la lumière.
Tu vois, tu comprends ! Tout est sauvé !

« L'aube s'élève à l'horizon, la liberté
apparaît resplendissante, il fait jour.

« O prolétaires, ô meurt-de-faim de l'u-
nivers entier, vous le croyiez mort, et bien
mort, ce vieux peuple de Paris qui donnait
jadis au monde le signal du réveil.

« Il avait tant souffert, sans se plaindre,
il avait supporté tant de chaînes, son sang
avait tant de fois coulé sans résultat, que,
détournant les yeux de l'immortel berceau
de votre propre indépendance, vous aviez,
étouffant un soupir, nié ce coin de terre
sauveur.

« Eh bien ! vous vous trompiez. Ce peuple
vivait, souffrait, attendait. Le jour est venu,
l'heure du combat a sonné ; il est là, debout,

innombrable, et vous crie : « Me voilà ! »

« O vieux monde, ramassis d'imposteurs, oisifs corrompus, parasites insolents, vous tous qui vivez du travail des autres, comprendrez-vous enfin que votre règne est fini, et qu'aujourd'hui, avec le triomphe du peuple, l'ère du travail va commencer ?

« Comprendrez-vous enfin que l'on ne peut plus longtemps pressurer la matière humaine pour lui faire rendre de l'or, sans qu'un jour vienne où cette chair saignante ne résiste ?

« Ce jour est venu ! Niez-le donc maintenant.

« Et nous, *les partageux*, las enfin de travailler devant votre oisiveté, nous allons *partager* avec vous, non point votre or inutile, — éternelle calomnie, — mais notre travail indispensable.

« Frères du monde entier, notre sang coule pour votre liberté ; notre triomphe est le vôtre ; debout tous !

« Voici l'aube ! »

# ANNEXE Nº 8.

# TABLEAU GÉNÉRAL DES SECTIONS PARISIENNES

## PENDANT LA COMMUNE.

_____

*Indication de leurs secrétaires et de leurs lieux de réunion.*

_____

### Conseil fédéral des sections parisiennes.

Place de la Corderie, 6. Séances tous les mercredis, à huit heures et demie précises du soir.

#### SECRÉTAIRES :

*Pour la France.* — Varlin, rue Larrey, 8; Goullé, boulevard Sébastopol, 78.

*Pour l'étranger.* — Theisz, rue Gessin, 12; Frankel, impasse Saint-Sébastien, 6.

*Des séances.* — Hamet, rue de Jussieu, 41.

TRÉSORIER :

Franquin, 40, rue des Blancs-Manteaux, à la Marmite.

———

## Cercle des études sociales.

Séance le lundi de chaque semaine, à huit heures du soir, place de la Corderie, 6. — Secrétaire : Ch. Rochat, 380, rue Saint-Denis.

———

## Gobelins.

Séance le mardi, à huit heures du soir, rue des Fossés-Saint-Jacques, 11. — Secrétaire : Hamet, 41, rue de Jussieu. — Secrétaire correspondant : Bestetti, rue des Boulangers, 16.

———

### Sociale des écoles.

Séance le lundi, à huit heures du soir, rue d'Arras, 3, au deuxième. — Délégué au conseil fédéral : Buisset, rue des Boulangers, 20.

———

### Brantôme.

Mercredi; à huit heures du soir, rue Poultier, 8. — Secrétaire : Gandinière, faubourg Saint-Denis, 65.

———

### Montrouge.

Séance le jeudi, à huit heures du soir,

rue de la Procession, 110, — Secrétaire :
Miard, 15, passage Saint-Victor.

---

## Vertbois.

Rue Phélippeaux, 12, le mercredi à huit
heures du soir. — Secrétaire : Aubert, rue
du Fer-à-Moulin, 8.

---

## La Gare d'Ivry et Bercy.

Le vendredi, à huit heures, quai de
Bercy, 13. — Secrétaire général correspondant : J. Nostag, même adresse.

---

## Récollets.

Renseignements et réunion, chez le citoyen Lévy, quai Valmy, 91.

## Poissonnière.

Réunion et renseignements, chez Boudier, faubourg Poissonnière, 138.

---

## Combat.

Secrétaire : Delaut, rue de la Chopinette, n° 207.

---

## Faubourg du Temple.

Réunions tous les dimanches, à deux heures, rue Saint-Maur, 108. — Secrétaire : David, rue Servant, 37.

---

## Grandes Carrières de Montmartre.

Renseignements : Kumennam, rue Lafayette, 83.

## Ternes.

Renseignements : Davoust, rue Ponselet, n° 29.

---

## Couronnes.

Folichon, secrétaire, rue des Couronnes, 34,

---

## Belleville.

Réunions rue des Partants, 4. — Secrétaire : Préault, rue Saint-Maur, 117.

---

## Hôpital Louis.

Réunions, passage Saint-Joseph, 9, les mardi et vendredi, à huit heures du soir. —

Minet, secrétaire, passage des Trois-Couronnes, 14.

---

## Marmite, 1er, 2e et 3e groupes.

Société civile d'alimentation :
Premier groupe, rue Larrey, 8.
Deuxième groupe, rue des Blancs-Manteaux, 40.
Troisième groupe, rue du Château, 42 (Plaisance).

---

## Batignolles.

Réunion le samedi de chaque semaine, rue des Dames, 3, secrétaire Combault.

---

## Section Stéphenson.

Secrétaire : Albrand, rue Stéphenson, 15.

### Grenelle et Vaugirard.

Réunions les mercredis de chaque semaine, rue du Théâtre, 10, à Grenelle.

---

### Richard-Lenoir.

Réunions tous les mercredis, à huit
heures du soir, ruelle des Lilas, 1.

---

### La Glacière.

Réunions tous les lundis, à huit heures
du soir, boulevard d'Italie, 53.

---

### Popincourt.

Réunion le lundi de chaque semaine, à

huit heures du soir, cour Darmoyé, place de
la Bastille, 12.

---

### 13e arrondissement.

Secrétaire : Tardif Martial, avenue d'Italie, 18 ; réunion le dimanche, à deux deures,
5, même avenue.

---

### Section Duval.

Secrétaire : Hamet. — Réunion le dimanche à trois heures, salle de Juin, avenue
d'Italie, 76. — Pour tous renseignements
s'adresser au citoyen Pouillet, boulevard
de la Gare, 203.

---

### Section Malesherbes.

Les réunions ont lieu le lundi et le jeudi,

à huit heures, rue Malesherbes, 24. Secrétaire : Bonnefont.

---

### Est.

Réunion tous les dimanches, à midi, cour des Miracles. — Secrétaire : Dumontel.

---

### Section Flourens (2e arrondissement).

Adhésions, réunions et renseignements chez le citoyen L. Laverine, 53, rue Montmartre.

---

### Section des Ivryens.

Adhésion chez les citoyens : Alexandre, à la mairie d'Ivry; Delaville, 48, rue de Paris au petit Ivry. Renseignements chez le citoyen Hamet, rue de Paris, 48, à Ivry.

---

Clichy — Imp. Paul Dupont et Cie, rue du Bac-d'Asnières. 12

# A LA MÊME LIBRAIRIE

4, PLACE DU THÉATRE-FRANÇAIS A PARIS.

---

## OUVRAGES SUR L'INTERNATIONALE

---

**L'Internationale.** — Son origine — Son but. — Son caractère. — Ses tendances. — Son organisation. — Ses moyens d'action. — Ses ressources. — Son rôle dans les grèves. — Ses statuts. — Ses congrès. — Son développement. — Tableau de la situation actuelle de l'Internationale en France, en Europe et en Amérique. Par Oscar TESTUT, in-18. Prix franco. . . . . . . . . . . . . . . . . . . . . . . . . . . . . . . . . . . . . . . . 3 fr.

**Le Livre bleu de l'Internationale.** — Rapports et documents officiels lus aux congrès de Lausanne, Bruxelles et Bâle par le conseil général de Londres et les délégués de toutes les sections de l'Internationale. Par Oscar TESTUT, in-18. Prix franco. . . . . . . . . . . . . . . . . . . . . . . . . . . . . . . . . . 3 fr.

**L'Internationale et le Jacobinisme au ban de l'Europe.** — L'Internationale s'occupe-t-elle de politique? — Son immixion constante dans tous les événements politiques prouvée par ses actes. — La branche française de Londres et ses meetings révolutionnaires. — Provocation à l'assassinat politique. — Le Lubez, Besson, Félix Pyat et autres. — Le plébiscite et le complot des bombes. — Les préparatifs de la guerre civile. — Les premières tentatives de la démagogie, etc., etc. — Dictionnaires et alphabets secrets de l'Internationale. Par Oscar TESTUT, *deux volumes* grand in-8° raisin, Prix *franco*. . . . . . . . . . . . . . . . . . . . . . . . 16 fr.

---

CLICHY. — Imp. PAUL DUPONT et Cie, rue Bac-d'Asnières, 12.

www.ingramcontent.com/pod-product-compliance
Lightning Source LLC
Chambersburg PA
CBHW070814270326
41927CB00010B/2413